KB123145

왕가리 무타 마아타이

나무 심는 희망,
인류 구원의 희망을 심다

세상을 바꾼 사람

왕가리 무타
마아타이

글 · 윤해윤

나무처럼
Namubooks

오늘 우리가 벤 나무는 오늘 심은 것이 아니다.

먼저 이 땅을 밟았던 이들이 심은 나무다.

그러니 우리도 오늘 후손을 이롭게 할 나무를 심어야 한다.

———

왕가리 무타 마아타이

마법의 검은 콩, 커피의 나라 케냐는
숲이 울창하고 땅이 비옥한 축복의 땅이었다.
나무에서는 과일과 견과류가 풍부하게 열렸고,
비가 자주 내려 식수 걱정이 없었다.
하지만 이것은 20세기 중반까지의 이야기다.

숲이 사라지기 시작한 것은
케냐가 영국의 식민 통치를 받으면서부터다.
영국은 케냐의 숲에서 나무를 베어 유럽으로 가져갔고,
그 자리에 돈벌이가 되는 차와 커피를 재배하게 했다.

하지만 이런 상업성이 좋은 나무는
숲을 사막화하며 삶의 터전을 위협했다.
문제는 독립한 케냐가 더 정신을 차리지 못했다는 것이다.
돈벌이가 필요한 사람들은 너도나도 커피나무를 심었고,
커피나무가 챙길 영양분을 빼앗아간다는 이유로
토종 나무를 베어 버렸다.

베어진 나무는 저 홀로 희생하지 않았다.
나무가 사라진 땅에는
물이 모이지 않아 흙이 건조해졌고,
우물과 주변 개천이 말랐고,
건기에는 가뭄이 들었으며
우기에는 홍수가 났고,
흙의 영양분이 한꺼번에 쓸려 내려가 땅은 척박해졌다.

땅이 야위자
주식인 콩과 바나나, 옥수수, 카사바, 얌의
생산량이 부쩍 줄었다.
열대 과일 패션프루트는 물론,
파파야, 나무토마토 같은 유실수 재배도 불가능했다.

또 사람들은 땔감과 식수를 구하려고
하루에 꼬박 다섯 시간씩 걷는 고통을 감수해야만 했고,
설상가상으로 케냐 정부는 개발이라는 명목 아래
숲을 갈아서 고층 건물을 지어
정치적 파트너들에게 헌납했다.

케냐 사람들은 이런 무분별한 개발이
자신들의 생명 줄을 위협하는 줄도 모르고
나라가 발전한다며 무조건 개발에 동조했다.

동물학자 왕가리 무타 마아타이는
헐벗고 메마른 땅에 숲이 돌아오는 것만이
아프리카 나라가 살 수 있는 길이라고 확신하고는
가난한 농촌 여성들과
나무 심기 캠페인인 '그린벨트운동'을 전개해
숲 살리기에 나섰다.

하지만 1970년대의 가부장제 남성 중심 사회에서
여성이 사회 운동을 전개해 나가기란 불가능했으나,
끝내 굴복하지 않고 어려움을 극복했다.

왕가리 무타 마아타이가 전개한
그린벨트운동의 열매는 달콤했다.
메마른 케냐 땅은 물론 아프리카 나라에
녹색 물결이 넘실대었고,
사람들은 숲과 일상을 돌려받았다.

이제 사람들은 저 멀리까지
땔감과 식수를 구하러 가지 않아도 되었고,
가난한 여성들은 묘목을 심어서
스스로 돈벌이를 할 수 있었다.

케냐 사람들은 왕가리 무타 마아타이를
'마마 미티(나무들의 어머니)'라고 불렀고,
그녀가 죽으면 나무로 태어날 것이라고 믿었다.

왕가리 무타 마아타이는
아프리카에 숲을 만드는 '그린벨트운동'을 전개해
아프리카 국가의 사회와 문화, 경제 발전에 이바지한
공로를 인정받아
2004년 노벨평화상을 받았다.

이것은 아프리카 흑인 여성이 최초로 탄 노벨평화상이다.

환경운동가가 노벨평화상을 탄 것은 시사하는바가 컸다.

그것은 환경이 평화와 직결된다는 뜻이고,

환경이 파괴되고는

절대로 평화를 얻을 수 없다는 뜻이기 때문이다.

언제나 '최초'라는 수식어를 달고 다닌

왕가리 무타 마아타이,

그녀는 아프리카 환경 운동과 여성 운동의 상징이다.

그리고 이 모든 것은 한 그루의 나무에서 비롯되었다.

아토미,
글을 읽는 사람들

신이 내린 천혜의 자연이 있는 곳,

최악의 환경파괴가 진행 중인 곳,

'찬물이 솟는 곳'이란 뜻을 지닌 나이로비는

원래 보잘것없는 작은 도시였는데,

케냐의 수도로 자리매김하면서

천혜의 자연과 최악의 환경파괴가 공존하는

이중적 도시로 변모했다.

이런 이중 도시에는 자연을 파괴하려는 사람과

이를 막으려는 사람 간의 심각한 다툼이 있는 법이고,

20세기 후반에 들어서면서

나이로비는 개발과 환경 보전이라는
두 명제 아래서 심각한 몸살을 앓고 있었다.

이 나이로비에서 환경운동가로는 처음으로,
흑인 여성으로는 처음으로,
노벨평화상 수상자가 나왔다.

왕가리 무타는 1940년 4월 1일,
케냐의 작은 산골 마을 이히테에서 태어났다.
갓 태어난 아기는 케냐의 43개 부족 중
가장 규모가 큰 키쿠유족 출신으로,
태어난 아이에게 존경하는 가족의 이름을 지어주는
부족의 전통에 따라
할머니 이름인 '왕가리'를 받았다.

왕가리의 아버지 무타 은주기는
180센티미터가 훌쩍 넘는 훤칠한 키에
몸이 단단하고 다부졌다.
어릴 때 몇 년간 학교에 다녀 부족어 말고도
케냐의 공용어인 '스와힐리어'를 읽고 쓸 줄 알았다.

그는 케냐의 일부다처제 전통에 따라

아내를 네 명 두었다.

왕가리의 어머니 완지루 키비초는 두 번째 아내로,

170센티미터의 키에 마르고,

책임감이 강했으며 온화하고 부드러운 사람이다.

아프리카의 여느 평범한 여성처럼

살림과 농사가 삶의 전부라고 여기며 일생을 살았다.

완지루는 왕가리 위로 아들 둘과 아래로 딸 둘을 더 두었다.

왕가리의 아버지 무타는

'팅기라' 라는 오두막에서 살았고,

무타의 아내들은 각자 '늄바'라는 오두막에서 살았다.

왕가리가 태어날 당시 케냐는 영국의 식민지였고

19세기에 들어온 유럽의 선교사들은

아프리카 곳곳에 기독교를 전파하고 다녔다.

처음에는 생소하고 낯선 종교였지만,

두 세대도 채 지나지 않아 원주민들은

고유한 신앙과 전통을 버리고 유럽인의 신앙을 받아들였다.

기독교로 개종하는 것은

전통을 버린다는 단점도 있었지만,

서구의 과학적 삶의 방식을 받아들여

발전된 삶을 살 수 있다는 장점도 있었다.

기독교로 개종한 사람들은 특권을 누렸다.

이들은 마을의 통치자로 임명되거나

돈벌이가 되는 사업의 이권을 우선으로 따냈다.

기독교로 개종한 사람들을 '아토미'라고 불렀는데,

'글 읽는 사람들'이란 뜻이다.

식민통치 시절에 '아토미'는

선진적이고 배운 사람들로 인식되었고,

토속 신앙을 그대로 간직한 사람들은

과거에 머무른 원시인으로 통했다.

그러자 기독교는 빠른 속도로

케냐 사람들의 영혼에 자리했고,

왕가리의 부모 또한 아토미 문화에 합류했다.

영국인은 케냐 구석구석에 서양식 명칭을 붙여놓았다.

집에서 아이들은 케냐 고유의 명칭을 배웠지만,

학교에서 시험을 볼 때면

백인들이 붙인 명칭만을 답으로 인정받았다.

일테면 애버데어 국립공원의 원래 이름은

'니안다루아 숲'이지만,

1884년 영국인들은 왕립지리협회장

애버데어 경의 이름을 따서 명칭을 바꾸었다.

아프리카에서 배울 수 있다는 것은 특권이었고,

여자아이에겐 배움의 기회는 거의 없었다.

외국인 선교사들이 운영하는 학교가 있었지만,

이것 또한 남자아이의 몫이었다.

아프리카에서 여성의 운명은 어느 정도 정해져 있었다.

왕가리도 정해진 운명에 따라

갓 태어난 남동생을 돌보았고,

오빠들의 시중을 들었고,

수시로 농사일과 집안일을 도왔다.

어느 날 학교에서 돌아온 오빠들이 물었다.

"어머니, 왕가리는 왜 학교에 가지 않나요?"

너무나 당연한 것을 물은 아들의 의문에
어머니는 머리에서 종소리가 들려왔다.

　"불가능한 것도 아니지.
　왕가리야, 너도 학교 갈까?"

이 말을 들은 왕가리의 두 눈이 반짝반짝 빛을 발했다.
왕가리는 행운을 타고났다고나 할까.
어머니 완지루의 무의식에
배움의 열망이 크게 자리하고 있었으니 말이다.
덕분에 왕가리는 학교에 갈 기회를 얻었다.
마을 사람들은 이해하지 못하겠다는 표정을 지었지만,
완지루는 개의치 않았다.

초등학교를 졸업한 왕가리는
집과 멀리 떨어진 이탈리아 수녀회가 운영하는
가톨릭 기숙 중학교에 갔는데,
이 또한 하늘이 내린 축복이었다.

집을 떠나기 전에 어머니는

왕가리의 머리카락을 짧게 잘라 주었고,

그리고 예쁜 옷도 한 벌 지어 주었다.

하지만 신발은 없었다.

신발은 4년 뒤인 고등학교에 가서야 신을 수 있었다.

온종일 강을 건너고 초원을 지나서 갔는데,

여정은 좀 험난했지만,

설레는 맘이 더 컸기 때문에 그리 힘든 줄도 몰랐다.

처음엔 모든 것이 낯선 환경이었다.

처음 사용하는 침대는 어색했고

서양식 예절은 문화적인 충격을 주었다.

수업은 모두 영어로 이루어졌다.

모국어를 쓰는 건 금지되었고,

쓰다가 들키면 벌을 받아야 했다.

덕분에 왕가리의 영어 실력은 나날이 유창해져

사적인 자리에서도 영어를 쓰곤 했는데,

영어로 말하면 어떤 우월감이 생겨났다.

훗날 느낀 것이지만,

당시의 이런 교육은 아프리카 고유어가

열등하다는 의식을 심어 주었다.

영어가 유창해지는 속도에 따라

왕가리의 삶도 바뀌었다.

전통 춤추기와 노래하기, 의식 행하기 등이 삶에서 빠지고

공부하고 기도하고 때로는 스포츠와 사교 모임을 즐기는

서양인의 삶으로 변모했다.

왕가리는 이런 삶에 푹 빠져 살았다.

서구식이라면 무조건 좋은 것이라는 의식이

그녀를 지배했다.

게다가 '메리 조'라는 서양 이름도 만들었고,

학교가 이탈리아 수녀회인지라

그 영향을 받아 가톨릭으로 개종했다.

왕가리는 수석으로 졸업했고,

학교의 도움을 받아 로레토 여자고등학교에 입학했다.

이 학교는 나이로비 외곽에 있는 가톨릭 고등학교로,

아일랜드 수녀회가 운영하는 곳이다.

이 학교도 24시간 내내 영어로만 말해야 했다.

왕가리는 고등학교에서 인생의 멘토를 만나는데,
바로 테레사 수녀였다.
테레사 수녀는 틈만 나면 왕가리를 실험실로 불러서
세균 배양용 기구와 실험 도구 소독 일을 시켰다.
이런 과정에서 왕가리는 과학에 눈을 떴고,
훌륭한 과학자가 되고 싶다는 꿈을 키웠다.

케냐에서 고등교육을 받았다는 것은

생계를 위한 육체노동에서

벗어날 수 있다는 의미이기도 하다.

남자는 교사나 공무원이,

여자들은 교사나 간호사가 되는 것이 일반적이었다.

케냐 정부는 독립을 꿈꾸며

미래를 짊어질 젊은 인재 양성 프로젝트를 기획했다.

정부는 미국 정치인과 접촉을 시도했고,

존 F. 케네디와 앤드루 영 등을 만나 회담을 나누었다.

회담 내용은 케냐 학생들이 미국에서

대학 교육을 받을 기회를 달라는 것이었다.

당시 상원의원이던 케네디는 이 프로젝트에 합의하고
학비와 항공 요금을 지원하기로 했다.
그에 따라 미국의 여러 대학에서 공부하게 될 행운을 쥔
600여 명의 '케네디 아이들'이 비행기에 올라
미지의 세계로 날아갔다.

왕가리는 이 프로젝트에 지원해 행운의 밧줄을 잡았다.
왕가리의 마을에서는 불만의 소리가 터져 나왔다.
여자가 부족을 떠나 외국에 간다는 것은
받아들일 수 없는 행위였기 때문이다.
하지만 왕가리는 뜻을 굽히지 않았고,
어머니도 굳이 말리지 않았다.

1960년 9월, 갓 스물인 왕가리는 설레는 마음을 안고,
난생처음 비행기를 타고 미국 뉴욕으로 날아갔다.
우선 뉴욕에 들러서 관광을 하고
최종 목적지인 마운트세인트 스콜라스티커 대학에
도착하기로 일정이 짜여 있었다.

뉴욕에서 왕가리는 문화적 충격에 맞닥뜨렸다.

상상하지 못한 세계와 직면했는데,

상상하지 못한 풍요로움이 넘쳐났기 때문이다.

가정마다 자동차와 냉장고, 텔레비전, 전화가 있다니.

도로에는 고층빌딩이 하늘을 향해 쭉쭉 뻗었고,

건물마다 엘리베이터가 있었다.

에스컬레이터도 신기하기만 했다.

케냐에서 여권을 만들 때 타 본 적은 있었지만

이렇게 많다니!

또 미국인은 모두 백인이라고만 생각했는데,

흑인이 있다는 것도 충격이었다.

뉴욕 관광을 마치고

학교가 있는 캔자스 주 애치슨에 도착했다.

여기서는 또 무슨 일이 벌어질지

왕가리는 가슴이 콩닥콩닥 뛰기만 했다.

혹시 아프리카에서 왔다고 무시하면 어쩌나 하는

걱정도 앞섰다.

스무 살 왕가리에겐 미국은 기회의 땅이었다.

왕가리는 화학을 좋아했는데,

대학에 들어와서는 생물학에 더 관심이 갔다.

그래서 생물학을 전공하기로 했고,

화학과 독일어를 부전공으로 택했다.

인종차별은 아프리카에만 있는 줄 알았다.

그런데 막상 미국에 와 보니

고향인 아프리카보다 더 심했다.

미국에서는 백인과 흑인이 타는 버스가 달랐고,

하다못해 작은 시골 카페에서도

흑인은 백인과 커피나 음료를 마실 수 없었다.

흑인은 카페에서 음료를 살 수는 있지만.

그곳에 앉아서 백인과 함께 마시지는 못했다.

텔레비전에서도 인종차별이 여과 없이 나왔다.

백인 동네와 흑인 동네는 확연히 달랐다.

백인 동네는 더할 나위 없이 풍요로워 보였지만,

흑인 동네는 비참하고 비루했고 범죄가 넘쳐났다.

점차 왕가리는 자연스럽게 미국물이 들었다.

짧은 치마에 구두를 신고 카페에 드나들었고,

남학생들과 어울려 다니며 서양 춤을 추었다.

그리고 졸업할 무렵,

왕가리는 뼛속 깊이 미국인이 되어 있었다.

이것 또한 미국의 덫이었다.

1963년 12월 12일,

마침내 케냐가 독립을 맞이했고,

독립의 아버지 조모 케냐타가 초대 대통령이 되었다.

왕가리는 이런 역사적 순간에

자신이 조국에 없는 것이 안타까웠다.

특히 어머니와 독립의 기쁨을

나누지 못한 것이 두고두고 아쉬웠다.

1964년, 왕가리는 우수한 성적으로 대학을 졸업했고,

그 과정에서 비판적이고 분석적인 성향으로 바뀌었다.

왕가리는 생물학을 공부해 보니,

학사 학위로는 만족이 되지 않았다.

대학교수님이 기꺼이 도움을 주어,

생물학 석사 과정을 밟을 수 있게
펜실베이니아의 피츠버그 대학에 입학할 수 있었다.

오랜 전통을 자랑하는 피츠버그 대학은
새로운 진보의 물결을 받아들여
꽤 많은 흑인 학생이 다니고 있었다.
그런데도 왕가리는 피츠버그 대학에서
특이한 흑인 학생으로 통했다.
아프리카에서 온 흑인 학생은 드물었기 때문이다.

당시 아프리카는 미지의 대륙이었다.
아프리카 국가에 관해 별로 알려진 것이 없어서
사람들은 아프리카에 호기심과 궁금한 것이 많았다.
그래서 아프리카 관련 강연 요청이 여기저기서 쇄도했고,
왕가리는 자연스럽게 아프리카를 알리며
강연 기술도 터득했다.

왕가리는 매일 생물학부 실험실에서 살다시피 하면서
동물의 생식선을 연구해 생물학 석사 학위를 받았다.
1년 6개월이라는 짧은 기간에 논문을 완성한 것이다.

담당 교수는 왕가리의 명민함과 노력을 칭찬했지만,
이것은 나중에 조국에서는 문제를 일으켰다.

케냐가 독립한 지 2년이 지난 1965년,
케냐의 새 정부는 '케네디 아이들'을 대상으로
인재를 채용한다는 공고를 냈다.

왕가리는 이제 고국으로 돌아가
자신이 배운 것을 펼칠 기회가 왔음을 직감하고
나이로비 대학 동물학과 연구원에 응시했다.
얼마 후 나이로비 대학으로부터
채용되었다는 편지를 받았다.
이에 급하게 피츠버그 생활을 정리하고 케냐로 돌아갔다.
졸업식에 참석도 못 한 채 말이다.

케냐의 수도 나이로비는 날마다 변화와 마주했다.

 당시 나이로비는 아프리카 교통의 중심지였고,

유행의 첨단을 걷는 도시로 변모해,

아프리카의 뉴욕이라 불릴 정도였다.

정부가 주도하는 개발의 대다수는

나이로비에서 이루어졌다.

1966년 1월 10일, 스물여섯 살의 석사 왕가리는

설레는 마음과 흥분을 안고

나이로비 대학 동물학과에 갔다.

그런데 왕가리의 자리가 없는 것이 아닌가.

어떤 남자의 차지가 되어 있었다.

분명히 미국에서 받은 임명 편지에는

동물학과 도장이 찍혀 있었는데도

담당 교수는 부끄러운 줄도 모르고 발뺌을 했다.

알아보니 담당 교수가 왕가리의 연구원 자리를

자기 부족 출신 남자에게 넘기고

시치미를 뚝 뗀 것이다.

엄연히 임명장을 받았는데도

수긍하는 수밖에 달리 방법이 없었다.

아무도 여성의 목소리는 들으려고 하지 않을 테니 말이다.

눈앞에서 일자리를 빼앗긴 왕가리는

나이로비 대학의 호프만 교수를 소개로 만났다.

독일의 교환 교수인 호프만 교수가 맡은

주요 업무는 나이로비대에 동물학과 설립이었다.

케냐에는 야생동물을 통제하고 보호할

전문 인력이 시급한 상황이었다.

당시 코끼리는 사회 문제가 되었다.

천적이 없는 코끼리는 하루에

150킬로그램에 달하는 풀을 뜯어 먹으며

맹렬한 속도로 늘어났다.

게다가 아프리카 전역에 개발붐이 불면서

나무가 베어지고 초원이 사라져서

먹을 것이 부족한 코끼리는

주린 배를 채우고자 인가로 내려왔고,

질겁한 주민의 총에 맞아 죽는 경우가 허다했다.

고심 끝에 케냐타 정부는 코끼리를 총으로

쏘아 죽이기에 이르렀다.

시급히 코끼리 암컷에 먹이거나 이식하는

피임약을 개발해야 했다.

비단 코끼리 문제뿐만이 아니라

아프리카에서는 도시가 현대화하면서

계속해서 야생동물 문제가 사회문제로 불거졌다.

이를 해결하려면 대학에 동물학부가 절실했고,

호프만 교수가 이 일을 맡은 것이다.

호프만 교수는 동물조직학과 동물조직구조학 분야를

도울 조교를 찾는 중이었고

조직검사와 현미경 사용의 전문가인

왕가리는 딱 적격이었다.

호프만 교수는 왕가리를 조교로 추천했는데,

케냐 상류 직업에 여성이 진출하는 것이

그리 녹록하지는 않았다.

심사를 맡은 교수들은 왕가리가 아직 어린 여성이고,

석사 학위를 '초고속'으로 취득했다는 이유로

능력을 의심하며 트집 잡았다.

미국에 유학까지 가서

실력을 갖춘 과학자가 되어 돌아왔지만,

조국은 여성 인재를 필요로 하지 않았다.

분노한 호프만 교수는 외부 인사들과

케냐타 대통령까지 만나서 도움을 청했고,

마침내 왕가리는 호프만의 조교 강사로 임명되었다.

나이로비 대학에 출근하고 얼마가 지나

왕가리는 거처를 나이로비대 교수 아파트로 옮겼다.

그리고 밤이면 친구들과 미국 유학파들이

자주 드나드는 클럽에 가서

로큰롤에 맞추어 춤을 추며 밤 문화를 즐겼다.

아직은 경제 개념이 약했던 왕가리는

운전도 할 줄 모르면서 덜컥 자동차부터 샀고,

상류사회 문화에 흠뻑 젖어 살았다.

그러는 와중에 1966년 4월,

왕가리는 소개로 음왕기 마타이를 만났고

두 사람은 연인으로 발전했다.

음왕기 역시 미국 유학파인 데다

잘생기고 유능한 사업가였다.

왕가리가 경제 개념이 생긴 것은 여러모로 음왕기 덕이 컸다.

케냐는 남자인 음왕기에게는 모든 기회가 열려 있었다.

그는 에소 정유회사와 콜케이트 팔모리브에서 일했고,

케냐 상공회의소의 임원을 맡았다.

그러는 과정에서 재산도 꽤 모았다.

하지만 음왕기의 궁극적인 목표는 정치에 있었다.

호프만 교수와 일한 지 대략 1년 정도 지나자

교수는 왕가리에게 독일에 가서

박사 공부를 하라고 제안했다.

동물학부의 교수가 되려면 박사 학위가 필요했기 때문이다.

왕가리도 박사 학위의 필요성이 절실했기에

독일로 가기로 했다.

왕가리가 독일로 간 것은 케냐 사람들은 물론

아프리카 사람들에게도 축복이었다.

독일로 가려면 우선 독일어부터 공부해야 했다.

미국에서 독일어가 부전공이긴 했지만,

박사 학위 공부를 할 만큼의 실력은 아니었다.

호프만 교수는 왕가리를 위해서 장학금을 신청해 놓았다.

독일로 떠날 무렵 왕가리는 스물일곱 살이었고

음왕기 마타이와의 사랑이 깊어졌다.

음왕기는 왕가리에게 청혼했고,

왕가리도 그와 결혼하고 싶었다.

하지만 공부를 미룰 수는 없었다.

두 사람은 약혼부터 하고

왕가리가 공부를 마치고 케냐로 돌아오면

그때 결혼하기로 약속했다.

독일로 간 왕가리는 뮌헨 대학에서
박사 학위 논문 주제를 '소의 생식'으로 정했다.
케냐 농부들은 모두 젖소 한 마리쯤은
키우고 싶은 로망이 있다.
하지만 수의사의 관리를 받지 못한 소들은
질병에 걸려 목숨을 쉽게 잃었기에
농부들이 소를 키우는 것은 위험부담이 컸다.
왕가리는 소를 연구해서
고국 농부들에게 도움을 주고 싶었다.

왕가리는 거의 매일 실험실에서 지냈다.
하지만 가끔은 뮌헨의 맥줏집에 들러서
맥주를 마시며 즐겼고,
주말이면 숲으로 소풍을 나갔다.
바쁜 와중에 잠깐 짬을 내어
여유를 즐기는 것은 축복과도 같았다.

뮌헨 주변에는 숲이 많았고
사람들은 숲을 일상적으로 찾았다.
이 모습을 보면서 왕가리는 숲이 사람들의 삶에

얼마나 중요한지를 새삼 느꼈다.

그들은 숲에서 일상의 피로를 풀며 위안을 얻었다.

독일인은 숲을 소중히 여기며 아꼈고,

왕가리는 이에 느낀 바가 많았다.

어려서 살던 이히테 마을에는

울창한 숲이 많았고 물 걱정도 없었다.

하지만 사람들은 돈벌이가 되는 작물을 심기 시작했고,

케냐의 농부들은 그 상업적인 가치에 입을 떡 벌리며

앞 다투어 토종을 베어버리고 외래종을 심었다.

그 결과 수많은 토착 식물과 야생동물은 멸종되었고,

땅이 메말라 강과 시내가 말랐다.

사람들은 땔감과 물을 구하러

매일 수십 킬로미터를 걷는 고통에 시달려야 했으며,

어느 해에는 가뭄을 어느 해에는 홍수를 겪어야 했다.

독일 사람들이 숲을 대하는 태도는

존경하고 배울 가치가 있었다.

1969년 봄, 2년간 독일에서 자료를 연구한 왕가리는

케냐로 돌아가 박사 학위 논문을 쓰기로 하고
나이로비 대학의 조교를 맡으면서
틈틈이 박사 논문을 썼다.

음왕기와의 결혼을 더는 미룰 수 없었다.
결혼하면 아기도 낳아야 할 텐데,
할 일은 산더미처럼 쌓여 있었다.
하지만 앞으로 더욱 바빠질 테니,
미루면 미룰수록 결혼할 시간은 나지 않을 것이다.

1969년 5월, 두 사람은 결혼했다.
왕가리는 스물아홉, 음왕기는 서른넷이었다.
그들은 결혼식을 두 번 치렀다.
아프리카 전통 혼례와 성당에서 가톨릭 식으로.
두 번 다 아주 성대히 치렀다.

식민 통치의 잔재로,
상류층에선 결혼하면 여자들이 자신의 성을 버리고
남편의 성을 따랐다.
부족 전통대로라면 결혼해도

여자들의 성과 이름은 바뀌지 않았다.

무타라는 이름을 버리고 싶지 않은 왕가리는

무타와 마타이 사이에 하이픈을 넣어서

왕가리 무타-마타이로 살기 시작했다.

하지만 이것은 남편 음왕기에겐 적잖은 불만이었다.

그 무렵 음왕기는 국회의원 선거에

출마하기로 마음을 굳혔다.

당연히 아내인 왕가리도 선거 운동에 참여해야만 했고,

선거 운동을 하면서 왕가리의 의상은

미국식 짧은 치마에서 케냐 전통의상인 캉가로 바뀌었다.

'외모만 흑인인 미국 여자'라는 이미지가

선거에 부정적인 영향을 끼칠 것을 우려해서였다.

왕가리는 강의하고, 논문 쓰고, 선거 운동에

시간을 아무리 쪼개도 턱없이 부족한 상태였다.

거기에 홈런까지 쳤다.

임신을 한 것이다.

아프리카에서 집안일은 당연히 아내의 몫이었다.

이것에는 어떠한 이견도 달 수 없었다.
초창기 여성 운동가들의 숙명을
왕가리도 비껴갈 수는 없었다.
왕가리는 밥하고 빨래하고 청소하는
집안일을 아주 잘해냈으며
시도 때도 없이 찾아오는 남편의 손님을
불평 한마디 없이 융숭히 대접했다.

아프리카에서 정치인은 최고 엘리트 계층으로
대부분 선진국 문화를 접한 남자들이고,
선진국 문화를 즐기는 남자들이지만,
그들은 여자에게만은 유독
전통을 고수해야 한다고 압박했다.

음왕기도 선진국에서 공부하고
서양식 스타일로 사는 남자였지만,
아내는 아프리카의 전통을 고수해야 한다는
보수적인 태도에 당연하다는 듯이 동조했다.
아내는 절대로 남편보다 우선할 수 없으며
남편을 존중하고 존경해야 한다는 악습에

한 치의 물러남이 없었다.

음왕기는 선거에서 승리하지 못했다.
그러는 사이 케냐의 정치 상황은 나빠져 갔다.
영국에서 독립했지만,
홀로서지 못했고,
초대 대통령인 케냐타 정권은 초심을 잃고
점점 부패해졌다.
정치인은 물론 대학의 교수 자리도 권력자에게
아첨하는 사람들 차지가 되었다.

호프만 교수는 케냐타 정권을 비판하고 나섰다.
코끼리 개체 수가 눈에 띄게 줄었고,
이 코끼리 학살의 배후에는
바로 케냐타의 영부인 마마 은기나가 있었다.
그녀는 상아를 팔아 엄청난 뒷돈을 챙기고 있었다.
웬만한 사람이면 다 아는 비밀이었다.

대학에서 입지가 좁아진 호프만 교수는
왕가리에게 서둘러 박사 학위를 딸 것을 독촉했다.

그다음으로 올 후임자가 계속 왕가리를 후원할지는
미지수였기 때문이다.
왕가리는 1971년 봄,
드디어 논문을 완성해 박사 학위를 받았다.
'소의 생식선 발달과 분화'가 논문 주제로,
소의 생식 기관이 어떻게 수컷이나 암컷으로
발달하는지를 연구한 논문이다.
이제 왕가리 무타-마타이는
동아프리카 최초의 여성 박사가 되었다.
누구보다도 호프만 교수가 제일 기뻐했다.
분명히 왕가리는 케냐에 꼭 필요한 인물이 될 터였다.

임기를 마친 호프만 교수는 독일로 돌아갔고,
그 후로도 오랫동안 왕가리와 친밀한 관계를 유지하며
훌륭한 멘토 역할을 했다.
왕가리가 호프만 교수를 만난 건 행운이고 운명이었다.

박사 학위를 받은 왕가리는
나이로비 대학의 전임 강사를 거쳐 교수가 되었다.
여전히 학생들과 실험실에서 많은 시간을 보냈다.

하지만 학생들은 남학생이건 여학생이건,

특히 남학생에게 여성 박사 지도자를

받아들이기는 사실상 어려웠다.

케냐에서 교육은 우상시 되었다.

그렇기에 박사와 교수는 존경의 대상이다.

그런 대상이 여자라는 것을

그 누구도 받아들이려 하지 않았다.

이런 차별에 맞서 왕가리는 늘 싸워야만 했다.

당시 여교수나 여강사 중에는 독신이나 과부만이

대학에서 임대하는 집에 살 수 있었다.

결혼한 여성은 남편이 있다는 이유로

집은 물론 보험이나 연금도 적용되지 않았다.

왕가리는 이에 맞서 끊임없이 평등한 권리를 요구했고,

그 과정이 소란스러운 것은 두말할 나위 없었다.

이런 싸움에서 왕가리는 남자들뿐만 아니라

여자들하고도 맞서야만 했다.

여자들은 대부분 순응하는 편을 택했다.

같은 여자들과 싸우는 일은 매우 힘겹고 서글펐다.

하지만 왕가리는 포기하지 않고

끊임없이 그들을 설득했고,

결국엔 원하는 것을 얻어내었다.

이후로 대학에서 여성의 위치는 많이 달라졌다.

그리고 다른 여교수나 여강사, 여직원들은

왕가리가 싸위서 찾은 권리를 함께 누렸다.

나무는 저 홀로 ————————————— 4
희생하지 않았다

1970년대 초, 농촌에서 소에 진드기가 퍼져
가축이 위험에 처했다.
이에 왕가리는 이 진드기 열병을 연구하러 농촌으로 갔다.
여러 농촌을 돌아다닌 끝에
진드기 열병이 파괴된 자연환경에서
비롯되었다는 것을 알게 되었다.

케냐를 비롯한 아프리카 전역에서는
개발이라는 이름으로 무분별한 벌목이 이루어졌다.
세찬 바람이 나무가 없는 황량한 비탈을

거침없이 휩쓸고 지나가면 일순간에 건물이 무너졌다.

비가 오면 강물이 산허리까지 범람해 도로를 덮쳐

온통 흙투성이가 되었고,

영양분이 고갈된 토양에서는 식물이 제대로 자라지 못했다.

농촌 인구의 90퍼센트 이상이 빈곤층인데,

숲의 벌목이 심해지면서

땔감을 구할 엄두도 내지 못한 그들은

짚이나 장작, 소똥으로 조리와 난방을 해결해야 했다.

여성들은 땔감 대신

옥수수 뿌리나 껍질로 불을 피워 조리했다.

땔감이 부족하니 어쩔 수 없이

가공식품 섭취가 늘어났고,

이런 가공식품은 사람들의 건강에 적신호를 안겼다.

이런 현상을 목격한 왕가리는

농촌 여성이 깨끗한 식수와 땔감을 구하고,

그들이 올바른 음식을 먹을 수 있고,

가난에서 탈피할 방법을 고민하기 시작했다.

독일에서 본 숲 생각이 났다.

때마침 유엔에서도 지구 환경오염이 심각하니
어떤 조치가 필요하다는 제안이 나왔고,
환경 문제를 전담하는 국제기구를 설립하자는 데
의견 일치를 보았다.

정치 문제와는 다르게
심각한 환경 훼손은 그 나라에만 국한한 것이 아니라
지구 전체에 영향을 미친다.
그렇기에 환경 문제만큼은
전 세계가 공동으로 취급할 중요한 문제였다.
게다가 1970년대 한국과 케냐를 비롯한 개발도상국의
마구잡이식 개발은 급격한 기후변화를 초래했다.

1973년, 유엔은 나이로비에
국제연합환경계획(UNEP, 유넵)을 설립하기에 이르렀다.
나이로비에 유넵을 설립한 것은 두 가지 이유가 있었는데,
나이로비가 전 세계적으로
환경 훼손이 가장 심각한 것이 그 첫째였고,

둘째는 강대국에 설립하면
그 나라의 입김이 들어갈 것을 우려해서였다.

유넵은 나이로비 본부를 필두로
워싱턴 D.C. 스위스 제네바, 태국, 방콕, 멕시코, 한국 등
거의 전 세계에 지부를 설립했다.
유넵 이사회는 아프리카 16개국, 중남미 10개국,
아시아 13개국, 서유럽 13개국, 동유럽 6개국으로
배분하여 총 58개국으로 구성하고 임기는 3년으로 정했다.

아프리카에 중요한 국제기구가 설립된 것은
이번이 처음으로,
나이로비에 유넵이 설립되자
다양한 각국 사람들이 몰려들어 북적거렸고,
아프리카 국가들은 환경에 관심을 두기 시작했다.

왕가리에게도 나이로비의 유넵 설립은 기회였다.
부쩍 환경에 관심이 커진 왕가리는
유넵 모임에 나가면서 각국에서 온 환경 운동가들과
환경 운동과 관련한 수많은 활동을 접하며 안목을 키웠다.

이 과정에서 생물학자이자 농부의 딸인 왕가리는
자연스럽게 환경 문제에 몰두하게 되었다.
그녀 앞에 새로운 세계가 열린 것이다.

선진국의 환경 단체들은 유넵과 긴밀히 접촉해야 했기에
나이로비에 '국제환경연락센터'를 설립했다.
하지만 먼 아프리카에 있는 이 기구를
감독하고 운영하기엔 어려움이 있어서
현지인을 뽑기로 했다.

왕가리는 국제환경연락센터 이사에 선출되었고,
몇 년이 지나 의장을 맡았다.
국제환경연락센터는 나이로비 대학에 이어
왕가리의 제2의 직장으로,
10년간 거의 매일 나와서 활동에 몰두했다.

왕가리가 나무 심기에 주목한 건 1974년이다.
당시 막내 아들 무타를 낳은 상태였다.
이로써 왕가리는 와웨루와 완지라, 무타,
이렇게 세 자녀의 어머니가 되었다.

딸 완지라는 시어머니 이름을 받았고,
막내는 왕가리 아버지의 이름 무타를 받았다.

그즈음 남편 음왕기 마타이는
국회의원 선거에 다시 출마했는데,
일자리 창출과 도시에 나무를 심겠다는 공약을 내세웠다.
나무 심기는 왕가리가 제안한 공약이었는데,
다행히도 음왕기는 선거에서 승리했고,
그토록 염원하던 국회의원이 되었다.
하지만 그는 공약한 일자리 창출과
나무 심기 공약을 지키지 않았다.
왕가리는 이런 남편의 모습에 실망이 컸다.

　　"그럼 나라도 약속을 지켜야지."

남편의 공약을 실천할 방법을 궁리하던 어느 날,
문득 '나무를 심는 회사를 차리면 어떨까'
하는 생각에 다다랐다.
남편 음왕기의 선거구인 랑가타에는
큰 정원이 딸린 저택이 많았는데,

지저분한 채로 방치되어 있었다.
집주인들이 사람을 고용해서 정원 관리를 했지만,
제대로 되질 않아 오히려 더 산만하기만 했다.

왕가리는 이것에 착안해
가난한 사람들을 고용해서 정원을 만족하게 관리하고
필요한 곳에 나무도 심어 주는
회사를 차리면 좋겠다고 생각했다.
그렇게 되면 미미하지만
일자리와 나무 심기 공약을 시작하는 것이니.

추진력이 좋은 왕가리는 '인바이러케어' 회사를 차렸다.
그리고 '카루라 숲'에
어린 묘목을 키울 장소를 마련했고,
여기서 키운 묘목을 부자들의 정원과 도시에
옮겨 심을 계획이었다.

안타깝게도 인바이러케어 회사는 제대로 운영되지 않았다.
부자들의 호응이 적은 데다
고용인들이 너무 가난한 탓에

일이 끝나기도 전에 돈을 달라고 요구했다.
게다가 묘목을 키우는 '카루라 숲'에서 작업장까지
묘목을 운반하는 비용도 만만치 않았다.
이런 비용은 모두 왕가리의 호주머니에서 나와야 했기에.

홍보 부족이라고 생각한 왕가리는
그 해답을 국제박람회에 참가하는 것에서 찾아보기로 했다.
나이로비에서 5일간 열리는 박람회는
케냐의 농업과 그 외 산업 분야를 발전시키려고
마련한 박람회였다.
여기에 인바이러케어가 참가할 생각이다.

왕가리는 카루라 숲에서 키운 묘목을 전부 가져와서
케냐의 지도 형태로 배치했고,
나무 심기가 절실한 지역은 강조하여 눈에 띄도록 했다.

박람회가 열리는 5일 내내
관심 있는 사람들이 부스를 찾았고,
묘목을 사겠다는 사람도 상당수 있었다.
그들은 자기 농장에 나무를 심고 싶으니

묘목을 살 주소를 적어달라고 했다.

왕가리는 우선 집 주소를 알려 주었다.

하지만 연락은 아무도 없었다.

결국 이번 박람회에서 얻은 수확이라고는

사람들이 나무 심기에 관심이 있다는 정도랄까.

박람회가 끝나고 바로 왕가리는

2주간 열리는 국제연합 해비타트 회의에 참석하려고

캐나다 밴쿠버로 날아갔다.

회의 안건은 '도시 개발 제한과 대기오염 막기'였다.

특히 마거릿 미드와 테레사 수녀,

바버라 워드의 강연은 울림이 컸다.

그들은 입을 모아 나무와 녹색 식물의 필요성을 피력했고,

숲이 있는 도시를 만들자는 제안을 내놓았다.

왕가리는 이제껏 이렇게 큰 환경 심포지엄은 처음이고,

언론이나 사람들의 입을 통해서만 듣던

존경하는 환경 운동가들을 만나서 이야기를 나누니,

더욱더 환경의 중요성을 인식했다.

환경 운동을 향한 열정에 가득 차 케냐로 돌아온 왕가리는

정원에서 비쩍 말라 죽은 묘목들을 보았다.

국제박람회에 참가한 묘목들로 딱히 둘 곳도 없고,

관심 있는 고객들에게 알려 준 주소가 집 주소여서

임시로 정원에 두었는데,

물이 지나치게 부족한 나이로비는

정원에 물을 주는 것을 금했기에.

묘목들은 말라 죽었다.

나무 심기 첫 시도는 실패했지만,

이것이 포기는 아니었다.

숲 만들기, 그린벨트운동 — 5

케냐가 독립한 이후 시작한 여성 운동은
사회·정치적으로 성공한 남성들의 아내가 이끌었고,
이들은 정권을 지지하는 남편들의
하수인 노릇만 하고 있었다.
1970년대 케냐의 여성 단체는 20여 개가
산발적으로 운영되고 있었는데,
케냐여성위원회가 이들을 통합하여 산하에 두고
정부의 지원을 받아 운영하기로 했다.
하지만 케냐여성위원회 역시 억압받는 여성의 목소리가 아닌
정권의 꼭두각시일 뿐이었다.

케냐여성위원회의 의장은 영부인 마거릿 케냐타가 맡았고,
장관 부인들이 임원을 맡았다.
그들의 역할은 기부금을 마련하거나
자선회를 여는 정도일 뿐이었고,
케냐 여성들은 관습법에 묶여
어떠한 법적 보호도 받지 못하고 있는데도
누구 하나 나서서 억압받는 여성들을 위해
목소리를 내는 사람이 없었다.
이런 케냐여성위원회에 대혁신을 가져와
빈곤과 억압에 허덕이는 여성을 대변하는 단체로
바뀌게 한 것이 왕가리 무타였다.

1977년, 왕가리는 케냐여성위원회
집행위원으로 선출되었다.
왕가리의 등장은 변화를 원하는
케냐 여성들의 목소리이기도 했다.
왕가리가 케냐여성위원회에서 중점적으로 다룬 사업은
나무 심기 프로젝트였다.
농촌 지부를 지원해서 농촌 여성들로 하여금
나무를 심기를 추진했는데,

이것은 조리용, 난방용 땔감을 구하려고
하루에 대여섯 시간씩 소비하는 농촌 여성들을 구하고,
숲을 되살리는 것으로,
이 프로젝트의 이름은
'땅을 구하자, 하람베(모두 힘을 합쳐서)'였다.

왕가리는 이 프로젝트를 널리 알리려고
1977년 6월 5일
세계 환경의 날에 맞추어 행진을 계획했는데,
나이로비의 케냐타 국제회의센터에서
카무쿤지 공원까지
3킬로미터를 걷는 의식이었다.

이날 행사에는 수백 명의 여성과 장관들,
나이로비 시장을 비롯한 사회 지도자들이 참석했고,
언론에서도 이번 행사를 상세히 소개하는 기사를 내보냈다.
카무쿤지 공원에 도착한 그들은
상징적으로 나무 일곱 그루를 심었다.
이것은 앞으로 왕가리가 펼칠
'그린벨트운동'의 서막이었다.

나무 한 그루와 더불어 모든 것이 시작되었다.

내일 당장 변화가 오지 않더라도

약간의 차이는 분명히 생긴다.

작은 차이의 첫 걸음이 나무를 심는 것이다.

왕가리와 그 일행이 심은 일곱 그루의 나무는

케냐 일곱 부족에서 선출한 일곱 명의 영예를 의미했다.

모두 20세기 전후로 각 부족을 이끈 지도자들이다.

이 나무는 나이로비 시의회에서 맡아 관리했지만,

어느 나무는 베어져 땔감으로 사용되었고,

어느 나무는 말라서 생을 마감했다.

현재는 두 그루만이 살아남아 그곳을 찾는 사람들에게

시원한 그늘을 제공하며

카무쿤지 공원의 명물로 남아 왕가리를 기리고 있다.

3개월 뒤 나이로비에서 환경 국제회의가 열렸다.

안건은 나이로비의 심각한 사막화를 막기 위한

대책을 세우자는 것이다.

이 회의를 응원하기 위해서 왕가리는

나이로비의 한 농장에서 나무 심기 행사를 개최했다.

이를 계기로 왕가리는 케냐의 숲 살리기 운동인
'땅을 구하자, 하람베'를 전국적으로 확산하기로 했다.

숲이 사라지자 그 소중함을 뼈저리게 느낀
농촌 여성들은 나무 심기 운동에 적극적으로 참어했다.
그러자 묘목을 달라는 농촌 여성의 요구가
꾸준히 증가했고,
케냐여성위원회에서 공급할 수 있는 수준을 넘어섰다.

왕가리는 묘목을 구하고자
산림청 최고책임자인 음부루를 찾아가
'땅을 구하자, 하람베' 프로젝트 이야기를 하고,
케냐 국민이 모두 한 그루씩 나무를 심도록 하는 것이
자신의 목표라고 설명했다.
그러려면 그만큼의 묘목이 필요하다며 지원을 부탁했다.
설명을 들은 음부루는 얼토당토않은 왕가리의 포부에
웃음을 터트리며 말했다.

"가져가고 싶은 만큼 가져가세요. 무료로 드릴 테니."

그러나 1년이 채 안 되어,

산림청 관리들이 슬슬 피하기 시작했다.

나무를 심는 것보다 묘목 운송에 어려움이 더 많았다.

처음에는 나무를 심을 여성들이 직접

산림청에 가서 묘목을 받아다 심었는데,

그들에겐 운반할 차량이 없다 보니,

개별적으로 나무를 심는 곳까지 묘목을 운반하는 일은

여간 고되고 불편한 일이 아니었고,

비용도 만만치 않았다.

게다가 운반 과정에서 묘목이 죽기도 했다.

산림청에서 묘목 제공도 꺼리는 이참에

해결책을 찾아야만 했다.

"직접 주변에 묘목을 심어 보면 어떨까?"

왕가리가 고심 끝에 생각해 낸 해결책은

직접 집이나 주변에 종자를 심어 묘목을 키워 보는 것이다.

그러나 씨앗을 뿌려 그것을 자라게 하는 데는

전문 지식이 필요했다.

그냥 흙에 심으면 대부분은 말라 죽었다.

이를 해결하고자 왕가리는

귀찮아하는 산림청 관리들에게 부탁해,

토양의 구성요소와 화단 깊이, 자갈 성분, 토양 유형,

태양광선 등과 비료를 주는 법을 교육해 달라고 청했다.

하지만 가난하고 문맹인 여성들이

이 강의를 이해하기란 불가능에 가까웠다.

다른 방법을 찾아야 했다.

분명히 전문 지식이 아닌 상식을 이용할 방법이 있을 터였다.

골똘히 생각에 잠긴 왕가리는

나무 심기도 농사와 같을 거라는 결론을 내렸다.

농촌 여성들이라면 대부분 씨앗을 땅에 심고

그것이 잘 자라도록 보살피는 방법을 당연히 알고 있다.

그들에겐 다양한 작물을 재배한 경험이 있지 않은가.

생각이 여기에 미친 왕가리는 여성들에게

농사를 짓는 상식을 이용해서

마을 주변에서 종자를 찾아 심어보라고 제안했다.

그러자 대혁신이 일어났다.

여성들은 깨진 화분이나 마당, 마을 공터에 종자를 심었고,

토종 종자를 찾아냈고,

잡초와 묘목을 구별하는 방법도 알아냈다.
그러면서 스스로 알아낸 노하우를
서로 알려 주며 묘목밭을 만들어나갔다.

케냐여성위원회는 여성들이 기른 묘목이 어느 정도 자라
숲이나 정원 등에 옮겨 심을 정도가 되면
한 그루에 4센트를 지급했다.
이것은 보잘것없는 액수였지만,
이런 돈벌이는 농촌 여성들에게 커다란 동기를 부여했다.
빈곤에 허덕이는 그들은 밤낮없이 농사를 짓고
가축을 기르고 물을 긷고 땔감을 구하고
아이들을 돌보며 집안 살림을 하더라도,
정작 돈 한 푼 손에 쥐지 못했다.
그러니 아무리 적은 액수라도 제 손으로
돈을 벌어 쓸 기회를 놓칠 리는 만무했다.

농촌 여성들은 묘목값으로 살림살이를 장만하고
아이들에게 책과 필기구를 사 주고,
마을에 구멍가게를 차리기도 했다.

어느 정도 소규모 묘목 재배가 자리를 잡자,

이번에 왕가리는 대규모 묘목단지를 만들자고 제안했다.

일종의 인공 숲을 만들자는 것이다.

적어도 1,000그루 이상의 묘목을 잘 정렬해서 심는

'인공 벨트'를 조성하자는 것이다.

대규모 묘목단지가 세월이 흘러

'인공 숲'으로 성공만 한다면

그 숲은 그늘을 제공하고 바람을 막아 주며 토양을 보존해,

경치가 아름다울 뿐 아니라

새와 작은 야생 동물들의 서식지가 될 터였다.

벌거벗은 땅에 초록 옷을 입히는 이 프로젝트를

사람들은 '그린벨트운동The Green Belt Movement'이라고

칭하기 시작했다.

1970년대 케냐에서 여성이 배웠다는 것은

꼭 특권만은 아니었다.

왕가리와 음왕기는 둘 다 선진 교육을 받았고,

사회에서 성공한 사람들이다.

어찌 보면 이것은 모두가 부러워할 만한 일이지만,

1970년대 케냐에서는 꼭 그렇지만은 않았다.

여자가 남자를 능가한다는 것은

사회 통념상 받아들일 수 없었다.

남편보다 더 많이 배운 박사 아내는

가정에서도 사회에서도 많은 위험을 내포하고 있었다.

남편은 아내 위에 군림해야 했다.

주위 사람들은 음왕기가 많이 배운 아내를

한 손으로 휘어잡고 사는지에 대해 의심의 눈길을 보냈다.

이런 시선은 음왕기를 열등감에 빠트렸다.

그는 늦은 밤에 술에 잔뜩 취해 들어오기 일쑤였고,

툭하면 아내에게 폭력을 휘둘렀다.

그는 남들처럼 자신이 아내에게

하늘로 받들어지지 않는다고 불만을 터트렸고,

자기보다 더 바쁜 아내와 사는 것이 불행하다고 느꼈다.

또 왕가리가 무타라는 이름을 버리지 않는 것을

시도 때도 없이 트집 잡았다.

왕가리는 끝내 음왕기와 화해할 수 없었다.

남편은 왕가리가 사회적인 지위를 비롯한 모든 걸 버리고,

케냐의 다른 여성들처럼

남편에게 순종하며 살기를 바랐다.

마침내 음왕기는 이혼을 요구하기에 이르렀고,

가정파탄의 책임은 전적으로 아내에게 돌려졌다.

케냐에서 가정이 깨지는 건 언제나 아내의 책임이었다.

1979년, 결국 두 사람은 법정에 섰다.
이혼 소송은 케냐에서 흔한 일이 아니었고,
법정의 이혼 절차는 여자인 왕가리에겐
지옥이나 다름없었다.

이혼하려면 배우자의 흠이 있어야 했다.
이혼을 아내의 책임으로 돌리려는 음왕기는
아내가 불륜을 저질렀다고 몰고 갔다.
아내가 자기 주변 사람들과 여러 차례 성관계를 맺었고,
그 탓에 자신은 정신적으로 피폐하고 병들었다고 했다.

두 사람의 이혼 소송 이야기로
온 나라 사람들이 수군거렸고,
언론은 '사생활 보호'라는 것은 안중에도 없이
재판 과정을 여과 없이 보도했다.
그들은 아내가 너무 많이 배웠고,
너무 강하고,
너무 성공했고,
너무 고집이 세어 통제할 수 없었다며
편파적으로 음왕기의 편에 서서

남편의 권위에 도전한 아내에게 매서운 경종을 울렸다.

음왕기는 자신의 열등감이 알려지지 않도록 눈에 불을 켜며
증인과 검사를 매수했다.
담당 검사였던 채소니 검사는
케냐 역사상 가장 부패한 법조인 중 한 사람이었고,
당시 케냐의 사법기관은 썩을 대로 썩어 있었다.
결국 이혼 명령이 떨어졌다.
하지만 불행은 이것으로 끝이 아니었다.

이혼 공판이 끝나고
〈비바〉 잡지사의 편집장 샐링이
왕가리에게 인터뷰 요청을 해 왔다.
왕가리는 이에 응해,
무능하고 부패한 담당 판사가
증거도 없이 소문에 근거해서 판결을 내렸다는
내용의 인터뷰를 하며 울분을 터뜨렸다.

이 인터뷰는 화근이 되었다.
담당 판사는 불같이 화를 내며

왕가리에게 법정 모독죄를 뒤집어씌웠다.
법정은 〈비바〉 편집자 샐링에게는
6개월 감금형 혹은 4만 실링의 벌금형을 내렸고,
왕가리에게는 6개월 형을 선고했다.

음왕기는 이 일로 '정치인'으로서의 생명을 잃었다.
많은 사람이 그의 주장을 믿지 않았고,
그의 인간성을 의심하기 시작했다.
그렇기에 그는 다음 국회의원 선거에서
보기 좋게 낙선하고 말았다.

음왕기는 왕가리에게 '마타이'라는 자기 성을
쓰지 말 것을 통보해 왔다.
모욕감을 느낀 왕가리는 자신은
이리 가면 이 사람이 쓰고,
저리 가면 저 사람이 쓰는 물건이 아니라며,
Mathai라는 글자에 'a'를 하나 더 넣어
Maathai, 마아타이로 쓰기로 했다.

왕가리는 이번 이혼 소송을 겪으면서

부부생활을 하면서 전통을 지킨답시고,

남편의 얼굴을 세워준답시고,

오히려 목소리를 내지 않았던 것을 후회했다.

이제부터 왕가리 무타 마아타이로

더 크게 목소리를 내며 살기로 다짐했다.

1978년, 케냐타 정권에 이어

부통령인 모이가 정권을 잡았고,

그는 이때부터 24년간이나 독재자의 삶을 살았다.

그는 식민 시대에 쓰던 모든 악법을 이용해서

악랄한 독재를 펼쳤고,

동전과 지폐에 자신의 얼굴을 넣는 등으로

우상화 작업을 전개했다.

모이 정권은 자기를 지지하지 않는 사람들을

가차 없이 숙청했다.

그는 나이로비 시내에 '냐요 하우스'를 세웠는데,

이 건물 지하에는 수많은 고문실이 있었다.
당시 그와 반대 측에 선 라일라 오딩가는
이 건물을 '우리의 아우슈비츠'라고 칭했는데,
그는 두 번이나 이곳에 끌려가 고문당했다.

이 건물에서 고문받은 사람의 수는 2천 명이 넘었고,
그중 5백 명이 목숨을 잃었다.
끌려간 사람들은 얼음장처럼 차가운 바닥에
발가벗긴 채 두 손이 묶여 생활했고,
쪼그리고 앉아서 볼일을 보았다.

케냐의 사업가들은 정기적으로
모이 대통령에게 돈을 바쳐야 했다.
엄청난 뇌물을 헌납해야 하니
제대로 된 공공사업은 이루어질 수 없었다.
전기공사와 철도공사, 수도공사 등 모든 분야에서
부정부패가 만연했고,
이것은 고스란히 가난한 국민이 감당할 고통이었다.

케냐 여성들은 빈곤과 억압의 덫에 허덕였다.

헌법에 가족법과 유산법은
굳이 헌법이 아닌 관습법을 따라도 된다고 명시하고 있다.
예를 들어, 아내가 남편이 사망해서 농토를 상속받았는데,
그것을 시동생이 빼앗아 간다고 하더라도
법적으로 대응할 방법이 없었다.

강간은 케냐에서 일종의 유행이었다.
에이즈에 걸린 남자가 소녀와 섹스를 하면
에이즈가 낫는다는 허황한 소문이 번지면서,
어린 여성들은 급격히 강간에 노출되었다.
하지만 강간범이 경찰에 잡혀도
그저 훈계만 하고는 풀어 주는 경우가 허다했다.
강간범이 빵 도둑보다도 더 처벌이 가벼운 나라다.
게다가 피해 여성은 증거를 제시해야 하는데,
복잡한 의료 검사 비용은 개인의 몫이었다.

1980년 왕가리 무타 마아타이는 케냐여성위원회가
제 기능을 수행하기만 해도 케냐의 여성들이
이렇게 고통받지는 않으리라 생각했다.
 나무를 심는 문체처럼 여성 인권 문제도

하루아침에 해결할 수는 없는 노릇이지만,
우선 여성들의 최고 대변인 격인
케냐여성위원회가 바뀌어야 했다.
이에 왕가리는 케냐여성위원회 의장에 출마했다.

이것은 모이 정권을 향한 도전이나 마찬가지였다.
당시 케냐여성위원회는
모이 정권 하수인 노릇을 하고 있었고,
모이 대통령은 왕가리 같이 많이 배우고
진보적인 사람이 영 못마땅했기 때문이다.
당연히 모이 정부는 왕가리 무타가
케냐여성위원회 의장직을 맡는 것이
탐탁할 리가 없었고,
그는 다른 여성 후보를 내세워
왕가리 무타 마아타이의 의장 선출을 막으려 했다.

케냐여성위원회 임원은 대부분 고위관리직의 아내들이다.
한마디로 누구의 부인으로 그 자리에 오른 것이니,
그들은 남편의 입김에 좌지우지되었다.
남편이 이쪽을 지지하라고 하면 그리하고

저쪽을 비난하라고 하면 고개를 끄덕였다.

왕가리 무타 마아타이가 의장에 선출되는 것을 반대하는
모이 정부 지지자들은 왕가리의 이혼한 사생활을
들추어내어 여자로서의 도덕성을 문제 삼았다.
그러자 일부 회원들은 또다시 이혼이 언론을
떠들썩하게 하기 전에
아이들을 위해서라도 출마를 포기하라고 조언했다.
하지만 왕가리는 정면 대결을 택했다.

케냐여성위원회 의장직을 놓고 벌이는 첨예한 논쟁은
당연히 언론의 관심을 끌었다.
하지만 이혼 소송 때와는 상황이 달랐다.
그동안 '그린벨트운동'으로 인지도가 높아진 왕가리는
대중의 열렬한 지지를 받았다.
이대로 가다가는 패배가 불을 보듯 뻔해지자
정부는 투표 일주일을 앞두고 발을 슬그머니 뺐고,
그들이 내세운 후보가 후보직에서 사퇴하고 말았다.
왕가리는 압도적인 표 차이로 의장에 선출되었다.
일부 언론에서는 왕가리 편에 서서

투표 결과를 보도하기도 했다.

이번은 이혼 소송 때와는 확연히 달랐다.

그러나 진보적인 의장을 맞이한

케냐여성위원회의 앞날엔 어두운 먹구름이 드리워졌다.

모든 것이 정치와 맞닿아 있었다.

야생동물 보호 대책을 찾을 때도,

나무 심기 운동을 펼칠 때도,

여성들이 사람답게 살 방법을 찾을 때도

어김없이 정치적 배후와 맞닥뜨려야만 했다.

정치와 분리해서는 그 무엇도 해결되질 않았다.

이에 왕가리 무타 마아타이는

1982년 국회의원 보궐선거에 나갈 결심을 굳혔다.

고향인 니에리 선거구에 자리가 난 것이다.

그러나 국회의원 선거에 나가려면

16년이나 몸담은 나이로비 대학을 그만두어야 했다.

정치에 발을 들여놓는 것은 위험천만했다.
교수직을 그만두고
선거에 낙선한다면 얼마나 낭패인가.
하지만 결심을 굳힌 왕가리 무타 마아타이는
대학에 사직서를 제출하고
국회의원 후보 등록을 하러 갔다.
그런데 선거관리위원회는 왕가리가
니에리가 아닌 지금 사는 랑가타에서만
후보 등록을 할 수 있다고 했다.
법적으로는 아무런 문제가 없었고,
보궐선거라 꼭 니에리에 후보를 등록해야 하는데도 말이다.

분노한 왕가리는 소송을 걸었다.
어이없게도 재판이 열린 날은
국회의원 후보 신청 마감하는 날로 정해졌다.
그날 후보 신청 마감은 낮 12시까지였는데,
왕가리 지지자들은 비행기까지 임대해 놓고
그녀를 실어 나를 작전을 세웠다.

그런데 오전 9시부터 시작한 재판이
낮 12시가 되어도 끝날 생각을 하지 않았다.
이미 후보 등록 마감이 끝난 것이다.

결국 왕가리는 교수직을 잃었고,
게다가 교직원 집도 내놓아야 했다.
그래도 왕가리는 실망하지 않았다.
이참에 케냐여성위원회 일에 집중하기로 했고,
그중 그린벨트운동에 더욱 주력했다.

우선 고등 교육을 받은 젊은 여성들을 채용해서
그들을 강사와 관리자로 키워,
시골의 그린벨트운동을 철저히 관리하게 했다.
교육을 마친 신입사원들은 현장에 나가
농촌 여성들에게 나무와 관련한 전문 지식을 알려 주고,
묘목 숫자를 확인해 그 가격을 지불했으며,
이들은 또 농촌 여성들의 의식화 교육도 담당했다.
사람들은 그린벨트운동을 풀뿌리운동이라고 부른다.
그것은 직접 그린벨트운동 현장에 나가 보면
저절로 알게 된다.

케냐의 가난한 농촌 여성들에겐

날마다 해야 하는 중노동이 있다.

그런 중노동에 나무 심기가 추가되었다.

불만이 터져 나올 법도 한데

여성들은 불평 한마디 늘어놓지 않고 묵묵히,

어쩌면 행복하게 나무를 심는다.

심한 벌목으로 민둥산이 되어버린 언덕을

물줄기가 거침없이 휩쓸고 내려가

인간은 물론 야생동물과 가축까지

죽음으로 몰아넣는 재앙을,

그 이후 어김없이 창궐하는 전염병의 위기를

수없이 목격했기 때문이다.

대부분 읽지도 쓰지도 못하는 농촌 여성들은

내리쬐는 뜨거운 태양 아래 앉아서

나무 심기가 자신에게 어떤 혜택을 주는지를

배우고 또 배웠다.

그리고 마을 공동체에서 여성의 역할에 관해서도,

자신들의 권리에 관해서도 배웠다.

그린벨트운동본부 직원들은

나무 심기의 가장 중요한 규칙인

'나무 한 그루를 베면 묘목 두 그루 심는 것'을

꼭 지키도록 교육했다.

그린벨트운동은 여러 여성 단체가 합류하면서

규모가 확대되어

자치구 키쿠유, 캄바, 키스이, 루히야,

루오, 메루, 엠부, 삼부루, 타이타 등으로

퍼져 나갔을 뿐만 아니라

탄자니아, 에티오피아, 우간다, 말라위 등

아프리카 다른 나라까지도 퍼져나갔다.

왕가리는 노르웨이 산림학회와 공동으로

그린벨트운동을 전개해 나가면서 전 세계로 확산했다.

1981년 유엔여성개발기금이

13만 달러나 되는 종잣돈을 지원하면서

그린벨트운동은 더욱 탄력을 받았다.

왕가리는 어린 학생들도 그린벨트운동에 참여시켰다.

나무를 심으면서 환경 보호가 얼마나 소중한지를

어릴 때부터 배우는 것은 중요했다.

어린 시절에 형성한 삶의 가치는 잘 바뀌지 않을뿐더러,

성인이 되어 가정을 이루면

그 자녀들에게 전달되기 때문이다.

1980년대 중반에 접어들자,

2천 개가 넘는 여성 소그룹이 묘목단지를 운영했고,

천 곳 이상의 학교가 그린벨트운동에 참여했다.

그리고 마을공동체에서는 6천 개 이상의

묘목단지를 만들어 운영했다.

그린벨트운동이 확실히 탄력을 받았음을 감지한

왕가리 무타 마아타이는 여러 국제포럼에 참가하여

전 세계에 그린벨트운동을 홍보하며

참여할 것을 독려했다.

미국을 비롯한 각국 대표 여성들이

그린벨트운동의 진척 상항을 보러 케냐를 방문했고,

왕가리는 그들을 안내해 묘목단지

몇 군데를 보여 주며

어떤 방식으로 그린벨트운동을 전개하는지를 설명했다.

그린벨트운동의 진행 상황을 둘러본 그들은

크게 감동해 그린벨트운동을 자신의 나라에 확산하고,

자금을 지원도 약속했다.

외국 언론에서도 그린벨트운동을 적극적으로 보도했다.

나날이 환경 문제가 부각되고 있는 마당에

아프리카에서 진행되는 그린벨트운동은 모범이 되었다.

왕가리는 이와 관련한 모임과 포럼에

수시로 강사로 초빙되었고,

내놓으라 하는 상도 여러 차례 받았다.

그중 몇 가지를 소개하면 이렇다.

    1983년에는 '케냐 올해의 여성',

    1984년에는 또 다른 노벨상이라고 칭하는 '바른생활 상',

    1986년에는 '더 나은 세상을 만드는 상',

    1988년에는 '윈드스타 상',

    1989년에는 마더 테레사와 나란히 '세계의 여성 상',

    1990년에는 '오페라무스 훈장', '올해의 세계 여성 상',

             '골든 아크 상'

왕가리는 처음엔 이런 수상을 그리 중히 여기지는 않았지만,
이런 수상 기록은 언론의 관심을 끌며
왕가리 무타 마아타이의 인지도를 높였고,
모이 정부로부터 그녀를 보호하는 안전장치가 되었다.

그린벨트운동은 케냐여성위원회에서 주관했는데,
정부는 케냐여성위원회와 그린벨트운동을
따로 분리하라고 요구했다.
언론과 국민이 그린벨트운동에 두는
관심과 후원금이 못마땅해
그린벨트운동의 규모를 축소하려는 속셈이다.

정부의 의도와는 다르게
왕가리 또한 그린벨트운동이 케냐여성위원회로부터
독립하는 것이 좋다고 판단했다.
당시 케냐여성위원회 활동이
너무 그린벨트운동에 집중되어 있어서
본연의 의무인 여성 운동으로
돌아갈 필요가 있었고,
그린벨트운동을 독립적으로 운영해서

온전히 환경 문제에만 집중하고 싶었다.

왕가리가 의장을 맡은 이후로 케냐여성위원회는

정권의 하수인 노릇에서 탈피해 '

여성의 목소리를 듣기 시작했다.

1987년, 7년간 케냐여성위원회 의장을 맡은 왕가리는

두 조직을 분리하는 것과 동시에

의장에서 물러났고,

그린벨트운동에 전력을 다하기로 했다.

우후루 공원은 나이로비 시내 한복판에 있었는데,

녹색 부지가 상당히 넓어

나이로비의 허파 노릇을 하고 있었다.

그런데 1989년, 모이 정부는

이 우후루 공원에 고층 복합 건물 건설을

은밀히 추진하고 있었다.

고층 건물은 62층 높이에 신문사와 무역센터,

사무실, 강당, 전시장, 쇼핑몰 등이 입주할 계획이었다.

그리고 그 옆에는 10미터 높이의

모이 대통령 동상을 세우는 프로젝트를 추진 중이었다.

우후루 공원은 나이로비의 복잡한 콘크리트 건물들
사이에서 숨 쉴 수 있는 마지막 남은 녹지공간으로,
고층 건물을 건설하려면
공원의 상당한 녹지 훼손은 불가피했다.

정보를 입수한 왕가리는 사실 여부를 조사하기 시작했다.
담당 공무원들에게 연락했지만 모두 묵묵부답이다.
결국엔 대통령에까지 물었지만,
역시 답을 얻지 못했다.
이런 과정에서 공원의 개발 계획은
언론과 대중에 노출되었다.
그런데도 모이 정권은 비밀리에
우후루 공원에 울타리를 치고 땅을 팠다.

왕가리는 고등법원에 소송하고 기자 회견을 했다.
그 인터뷰는 국민의 지지를 얻었고,
외국에까지 알려져 관심이 집중되었다.
외세는 일제히 건설을 멈추라는 압력을 가했다.

분노한 모이 대통령은 왕가리를 노골적으로 비난했다.

"저 여자는 미쳤다.

남자를 존중해야 한다는 아프리카 관습을 망각했다."

이것으로도 분이 풀리지 않은 모이 대통령은
왕가리의 그린벨트운동 활동은 물론
개인적인 활동까지도 금했다.
그리고 그린벨트운동 본부를 정부의 건물에서 쫓아냈다.
의회는 그린벨트운동 리더들을
'이혼하고 책임감 없는 여자들의 무리'라고 칭하며
그들의 행동을 강력히 비난했다.

그린벨트운동을 진행하면서 왕가리 무타 마아타이는
어느 새 거물이 되어 있었고,
이 정도의 정부 압박에는 전혀 흔들리지 않았다.
발빠른 왕가리의 투쟁으로
우후루 공원 내 복합 건물 건설 반대가 거세졌다.
미국과 영국을 비롯한 주요 외국 신문사들이
일제히 왕가리의 투쟁을 상세히 보도하기에 이르렀다.
세계 각국의 환경 운동가들도 케냐 국민들의 휴식 공간에
그런 호화스러운 복합 건물을 짓는 용도에 대해

의구심의 눈길을 보내며 반대의 목소리를 높였다.

결국 외압을 이기지 못한 모이 대통령은 손을 들었다.

우후루 공원에 쳐진 울타리는 제거되었다.

모이 정권은 이제 전 세계적으로 알려진

환경 운동가 왕가리 무타 마아타이를

얕잡아볼 수 없게 되었다.

1990년 2월, 로버트 오우코 외무장관이

죽는 사건이 발생했는데,

공식발표는 자살이었다.

정치적 살인은 케냐에서는 흔한 일이었다.

하지만 오우코 장관의 죽음은

민주화 운동의 불씨가 되었다.

전 국방부 장관 케니스 마티바와

전 나이로비 시장 찰스 루비아, 라일라 오딩가 등이

일당 독재에서 다당제 도입을 요구하고 나섰고,

대규모 민주화 집회가 키문쿤지 공원에서 열렸다.

대규모 군중은 물러설 기미가 없었고,
여기에 채무 관계에 있는 나라들이 힘을 보냈다.

궁지에 몰린 모이 대통령은
한발 물러나며 다당제 도입을 약속했고
1년 뒤에 총선을 실시하겠다고 했다.
하지만 그는 헌법을 개정하는 일에
지지부진 시간만 끌었고,
정치 탄압과 억압은 여전히 계속되었다.

1992년 1월, 왕가리는 모이 대통령이
일부러 쿠데타를 부추기고 있다는 유력한 정보를 얻었다.
모이는 쿠데타가 일어나면 정국이 불안하다는 이유로
연말에 예정된 총선을 취소하려는 속셈이었다.
또한 대통령의 살생부에 왕가리 자신이
올라가 있다는 정보도 얻었다.

언론의 힘을 알고 있는 왕가리는
10여 명과 함께 급히 언론사로 가서 쿠데타 소문을 언급하며
총선 실시를 촉구하는 성명서를 내었다.

하지만 모이 정권은 이를 전면 부인했고,

기자 회견에 참여한 사람들을 체포해갔다.

또한 무장한 경찰들이

왕가리의 집을 에워싸며 모든 출입구를 봉쇄했다.

그러고는 창문을 부수고 들어와

왕가리를 끌고 갔다.

유난히도 차갑고 불결한 감옥은

관절염을 앓는 왕가리에게는 치명적이었다.

점점 다리는 마비되었고

법정에 서 있지도 못할 지경에 이르렀다.

독재 정권에 진절머리가 난 판사들도 있어서,

그들은 민주화 운동의 필요성을 공감했지만,

감히 왕가리의 편을 들 배짱은 없는 듯했다.

심신이 나약해진 왕가리는 결국 쓰러졌고

병원에 실려 갔다.

병원으로 호송되는 와중에

법원 근처에 걸린 현수막 하나가 눈에 들어왔다.

왕가리, 케냐의 용감한 딸,

당신은 절대로 혼자 걷지 않을 겁니다.

'행동하는 어머니들'이라는 여성 인권 단체에서
걸어놓은 현수막이었다.
이것을 보자 가슴이 뭉클했고
마비된 다리에 온기가 느껴졌다.
절대로 혼자가 아니다.

곳곳에서 왕가리 무타 마아타이를
도우려는 손길이 줄을 이었다.
당시 열아홉 살이던 막내아들 무타는
언론사를 찾아다니며 어머니의 억울함을 호소했고,
그린벨트운동 회원들은 왕가리가 위험에
처해 있다는 사실을 다방면으로 알렸다.
그러자 세계 각국의 시민 단체들이
모이 정부에 압력을 가하기 시작했다.
미국의 앨 고어 부통령을 비롯한 상원의원들이
왕가리 무타 마아타이가 무슨 죄를 지었는지
상세히 밝히라며 모이 대통령을 압박했다.

그들은 모이 정권이 민주화 인사들을

무조건 체포한다면

미국과 케냐의 외교 관계가 위태로울 수 있다고 경고했다.

1992년 11월, 결국 모이 정부는 무릎을 꿇었다.

전례 없이 왕가리를 비롯한 민주화 인사들을

모조리 석방한 것이다.

왕가리는 한동안 병원 신세를 져야 했지만,

시간이 지나자 무릎은 나아졌다.

병원에서 치료를 받는 동안에

한 여성이 찾아왔다.

민주화 운동을 하다가 구속되어

2년째 수감 중인 청년

코이기 왐웨레의 어머니 모니카 왕구였다.

이야기의 골자는 구속된 아들을 둔 어머니들이

우후루 공원에 모여서

아들의 석방을 촉구하는 단식 투쟁을 하기로 했으니,

도와달라는 것이었다.

왕가리는 아직 몸이 회복되진 않았지만,
모른 체할 수 없어서
그린벨트운동 회원들도 합류하기로 했다.
우후루 공원 한쪽 구석에
'프리덤 코너'라는 푯말을 세우고
어머니들은 단식 투쟁에 돌입했다.

공원에서 벌어지는 일은
사람들의 호기심을 자극하기에 충분했다.
사람들은 왜 어머니뻘 여성들이
단식 투쟁을 하는지에 귀를 기울였다.
여기저기서 소식을 듣고 온
정치범들의 가족이 합류했고,
그들에게 공감하는 시민의 참여도 늘어났다.

단식 투쟁을 시작한 지 5일이 지나자
경찰이 습격했다.
최루탄이 천막 안으로 날아들더니
곧바로 경찰이 습격하여
몽둥이로 닥치는 대로 어머니들을 때렸다.

어머니들은 항복하지 않고 그들에게 저항했고,
경찰의 몽둥이질은 멈추지 않았다.
그러자 어머니들은 굳게 결심한 듯이
옷을 하나하나 벗기 시작하더니
급기야 알몸을 드러내고 말았다.

아프리카에서는 어머니뻘 되는 여성은
모두 친어머니처럼 여기며 존경하는 풍습이 있다.
그런 그들이 분노로 옷을 벗어
아들뻘 젊은 경찰들에게 알몸을 드러낸 것이다.
이것은 가장 강력한 저주를 의미했다.
이토록 어머니들은 장렬히 경찰과 맞섰지만,
폭력을 이길 수는 없었다.

왕가리도 몽둥이에 맞아 정신을 잃었다.
눈을 뜨니 병원이었다.
다행히도 주위 사람들이 그녀를 구해
병원으로 데려간 것이다.

결국 경찰은 무력으로 어머니들을 공원에서 해산시켰다.

이에 굴하지 않고 다음 날도
어머니들은 다시 우후루 공원으로 모였다.
이미 '프리덤 코너'는 폐쇄된 상태였다.
하는 수 없이 그들은 근처에 있는
올 세인트 성당에 도움을 청해 그곳으로 자리를 옮겼다.

병원에서 나온 왕가리는
어머니들의 아들들이 투옥된 사연을 담은
전단을 만들어 나이로비 전역에 뿌렸다.

전단이 효력을 발휘해서
어머니들의 투쟁은 언론에 알려졌고,
뜻을 같이한 종교 지도자들도
올 세인트 성당에 모여들었다.
외국 언론의 관심이 뜨거웠다.
그들은 연일 어머니들의 저항을 기사로 내보내며
모이 정부의 독재를 비난했다.
그러자 여우 같은 모이 정부는 방식을 바꿔
회유책을 쓰기 시작했다.
어머니들에게 개인적으로 접근해서

농성을 포기하면

아들을 풀어주겠다고 꾀었다.

몇 명은 이 약속을 믿고 성당을 떠나겠다고 했고,

왕가리가 나서서 그들을 저지했다.

그것은 정부의 속임수일 뿐,

이루어지지 않을 약속이라고.

이런 만류에도 몇 명은 정부의 약속을 믿고

성당을 떠나 대통령까지 만났으나,

당연히 그들의 아들들은 석방되지 않았다.

어머니들의 비폭력 저항이 점점 거세졌고,

수많은 나라에서 구속한 청년들을

석방하라는 압력이 강해졌다.

그러면서 언론은 어머니들과

왕가리 무타 마아타이의 활동을 연일 보도했다.

여론을 의식한 정부는 하는 수 없이

그들의 아들 52명을 석방했다.

목적은 달성했지만,

이 어머니 단체는 해산하지 않고

다른 수감자들의 석방과 환경 개선을 위해 활동했다.
이번에도 왕가리는 어머니들 투쟁에 가담해
또 하나의 승리를 이끌어냈다.

왕가리는 무엇보다도 국제적인 연결고리를 중요시했다.
그것이 정부로부터 자신을 지켜주는
유일한 수단이라고 여겼기 때문이다.
1991년 샌프란시스코에서 받은 '골드먼 환경상'이나
런던에서 받은 '아프리카 지도자상' 등은
케냐의 민주화 운동과 그린벨트운동을 알리는 데
큰 도움이 되었다.
CNN을 통해 전 세계적으로 방영되는
왕가리의 인터뷰 또한 방어막이 되었다.
실제로 왕가리는 이런 외국의 태도가
자신의 생명을 구했다고 생각했다.
모이 정권은 감시하는 눈만 없었다면
이미 왕가리 무타 마아타이를 감쪽같이 해치웠을 것이다.

왕가리 때문에 골치가 아픈 모이 정부는
왕가리가 국외 활동을 못 하도록 억압하거나

그 활동을 방해하고 다녔다.

예를 들면 1992년 6월, 리우데자네이루에서 열린

세계 환경정상회담에서 왕가리는

연설을 하기로 되어 있었다.

그곳에는 모이 대통령도 참석했다.

리우에 참석한 케냐 정부 대표단은

그린벨트운동의 문제점을 들추었고,

그녀가 '프리덤 코너'에서 케냐 어머니들을 선동하여

스트립쇼를 했다고 비난했다.

이렇게 여성들에게 악영향을 끼친 인물이

이런 정상 회담에서 연설하는 건 부당하다고 주장했다.

하지만 왕가리는 그곳에서 보란 듯이 연설했고,

미국의 앨 고어 부통령과 달라이 라마와 함께

기자 회견을 하며 영향력을 과시했다.

모이 대통령은 약이 올라 죽을 지경이었다.

나무가 자라니, 삶이 바뀐다

10여 년 전까지만 해도 농촌 여성들은

땔감을 구하러 7~8킬로미터 떨어진 산까지 걸어갔다.

왕복 4시간이 걸렸고,

가서 나무를 긁어모으는 데 2시간이나 걸렸다.

땔감을 구하는 데 걸리는 시간은 꼬박 6시간,

이것이 이틀에 한 번꼴로 이루어졌다.

그런데 이제는 그럴 필요가 없어진 것이다.

그린벨트운동으로 심은 나무들이

어느새 자라나서

땔감은 물론, 집을 짓거나 울타리를 만들

목재를 공급하고 있다.

남성들의 부엌 출입을 금기시하는 농촌에서

살림을 떠맡은 여성들에게 땔감과 식수 확보는

가장 현실적이고 절박한 문제였다.

그런데 그린벨트운동이 여성들의 짐을 덜어 준 것이다.

1999년 6월, 그린벨트운동을 펼친 지

20여 년이 지났고,

케냐 전국에 2천만 그루가 넘는 나무가 심어졌다.

덕분에 숲이 생겼고,

수천 명의 삶이 긍정적으로 변화했다.

그들은 10년 전에 심은 나무를 베어서 땔감으로

20년 전에 심은 나무를 베어 목재로 쓴다.

그리고 나무 한 그루를 베면

두 그루를 심는 것을 원칙으로 한다.

그것은 10년, 20년 뒤에

자신과 후손들이 쓸 나무인 것이다.

그들이 오늘 심은 나무는 땔감과 목재를 공급할 뿐만 아니라

홍수와 가뭄을 막아주고 비옥한 땅을 되돌려줄 것이고,

위험한 전염병을 막아줄 것이기에,

그들은 오늘도 행복하게 나무를 심는다.

농촌 여성들은 허드렛물을 활용한 텃밭 가꾸기와
공동 우물 파기 프로젝트에도 참여해,
식수 문제도 해결했다.
덕분에 텃밭에선 주식인 카사바와 얌, 콩 등이
쑥쑥 자라났고,
또 과일나무에서 과일을 얻어 식단의 질을 높였고
과일을 팔아 수입도 올렸다.
그린벨트운동을 통해서
케냐 여성들의 자신감은 커졌고,
삶에서 무엇이 중요한지를 인지하게 되었다.

환경은 무조건 정치와 연결되어 있었다.
환경 파괴는 누군가의 이권과 관련이 있었고,
그것은 고스란히 국민의 고통과 맞닿았다.
그렇기에 그린벨트운동 본부는 정부를 상대로
부정부패와 인권 유린 등 다양한 사안에도
노골적으로 비판하며 반대의 목소리를 높였다.
그러자 모이 정권은

그린벨트운동 말살 정책으로 대응했다.
공무원들이 농촌을 돌아다니며 마을 주민에게
그린벨트운동에서 손을 떼라며
때로는 압박을 때로는 무력을 행사했다.

하지만 이런 노력은 헛수고였다.
농촌 여성들은 물론 남성들까지도
그린벨트운동에 참여하면서 얻는 혜택을 잘 알았고,
나무 심기가 삶에 어떤 영향을 미치는지를
누구보다도 제대로 인식했기 때문이다.
그들은 오히려 공무원들에게 그린벨트운동을 추천하며
나무 심기를 권했다.

한 마디로 그린벨트운동이 단단히 자리 잡은 것이다.
뿌리가 깊으니
웬만한 바람과 시련에는 흔들리지 않을 것이다.

왕가리는 교육 프로젝트도 함께 진행했다.
농촌 사람들을 대상으로
교육 세미나를 열어서

거래를 제대로 하는 방법을 제시했고,

커피 농사나 차 농사를 짓는 농부들이

정부나 중간업자에게 자신들의 몫을

얼마나 갈취당하고 있는지 그 실태를 알렸다.

이를 인식한 농부들은 분노했고,

농민 권리 캠페인을 주도해

정당한 권리를 얻어낸 마을들이 점차 늘어났다.

왕가리의 교육 프로젝트는 여성들,

특히 농촌 여성들의 인권을 높이는 교육에 집중되었다.

그녀는 여성들을 모아놓고

나무를 잘 키우는 법은 물론,

곡물을 제값에 파는 법과

알코올 중독 남편을 치료하는 법,

가정 폭력에 대처하는 법 등을 알려 주었다.

또 여자아이들이 교육을 받아야 한다는 개념을

집중적으로 심어 주었다.

여성 문제는 개인의 문제가 아니라

사회 문제임을 인식시키고,

아프리카 여성들이 가장 고통받는 성폭력 문제도

밖으로 끄집어내었다.

이런 프로젝트는 긍정적인 결과물을 내놓았다.

여성들은 다양한 주민 교육 프로그램을 듣고

마을과 개인이 직면한 문제점과 그 원인이 무엇인지를

자유롭게 토론하도록 하면,

어느새 스스로 해결책을 찾아내 실행에 옮기곤 했다.

또 건기가 되면 농촌 여성들은

토종 나무에서 떨어지는 씨앗을 주웠고,

이렇게 모은 씨앗은 우기가 시작될 무렵

마을 곳곳에 마련한 묘목단지에 심었다.

묘목의 키가 30센티미터가량 성장하면

묘목이 자라서 뿌리를 내릴

마땅한 장소를 골라서 옮겨 심었다.

이런 식으로 마을 곳곳에 인공 숲이 생겨났다.

대학생들 사이에서도 그린벨트운동이 알려지면서

석사나 박사 논문 주제로 선택하는 경우가 많았다.

그린벨트운동을 체험하고는 그 가치의 놀라움에 감탄하며

나무 심기 운동을 확산시켰다.

그린벨트운동의 성공은 케냐 여성의 성공이었다.
그들은 자신들이 한 일에 자부심을 느꼈고
개인은 물론 공동체의 이익을 위해서 일했다.

사실 남자들도 이런 여성들로부터 긍정적인 영향을 받아
그린벨트운동에 적극적으로 참여하여 마을 공동체에서
묘목단지를 운영했다.
이제 그린벨트운동은
케냐 사람들의 삶에 깊숙이 뿌리 내렸다.

1992년 선거는 모이 독재 정권을 물리칠 절호의 기회였다.

하지만 민주화로 가는 길은 멀고도 험난했다.

정치적 기반이 약한 야당은 분열했고

민주화에 빨간불이 켜졌다.

간절한 바람에도 야당은 단일화에 실패해

단독 대통령 후보를 내지 못했다.

야당 리더들은 힘을 합쳐

모이 독재 정권을 몰락시키고 싶었지만,

자신의 이기심에 굴복하고 말았다.

결국 케냐는 정권 교체에 실패했다.
모이 대통령의 케냐민족동맹이
36퍼센트 득표율로 다수당이 된 것이다.

케냐 전 국민의 64퍼센트가 변화를 원했는데도
그들은 변화하지 못했다.
야당이 뭉치지 못한 결과는 혹독하고 쓰라렸다.

총선에서 승리한 모이 대통령은
수천 에이커에 달하는 숲이나 공원을
정치적 지지자들에게 사유지로 내어 주었다.
현재 나이로비 중심가에 세워진
많은 고층 빌딩이나 쇼핑센터, 교회 등은
한때는 나라의 자원이었던 녹색지대를 파괴하고 세워
개인의 소유가 된 것들이다.

모이 대통령의 숲 파괴는 점점 심해졌고,
결국 우후루 공원 때처럼
왕가리가 나서야 할 사건이 발생했다.

1998년, 모이 대통령은 나이로비에 위치한
카루라 숲 일부를 정치 지지자들에게 선물해
건물과 사택을 짓는 것을 허락했다.

카루라 숲은 고원 지대에서 불어오는 바람을 막는
방풍림 역할을 하는 숲이다.
1천만 제곱미터에 달하는 천연림은
4개의 큰 강줄기가 모이는 곳이었고,
그 숲의 빽빽한 덤불과 우듬지는 원숭이와 영양을 비롯한
수많은 희귀 동물과 식물의 서식지였다.
부자 동네 근처에 있는 카루라 숲은
땅 투기꾼들이 호시탐탐 노리는 장소였다.

왕가리는 숲의 공사 중단을 요구했고,
이번에도 언론을 이용했다.
〈데일리 네이션〉은 헬리콥터로 숲 전체를 촬영해
숲이 얼마나 파괴되었는지를 적나라하게 보도했다.
그린벨트운동 회원들은 카루라 숲을 수시로 찾아가
벌목이 이루어진 곳에 나무를 심었다.
하지만 늘 건설사 노동자들에게 쫓겨나는 신세였다.

10월 7일, 왕가리와 그린벨트운동 회원들은
카루라 숲에 나무를 심었고
코너에 묘목밭을 만들었다.
이날은 야당 의원 10여 명과 기자들도 참여했다.
한창 나무를 심고 물을 주는데
사방이 시끌시끌했다.
무슨 일인지 주위를 둘러보는데
시커먼 연기가 자욱했다.
불이 난 것이다.

숲에 불이 붙은 줄 알고
가슴이 덜컹 내려앉은 왕가리는
서둘러 연기가 피어오르는 곳으로 가보았다.
숲이 아닌 건설 차량과 현장 사무실에 불이 났고
다행히도 인명 사고는 없었다.
정부는 왕가리와 그린벨트운동 회원들이
일부러 불을 질렀다며 죄를 뒤집어씌웠다.

며칠이 지난 10월 17일,
다시 숲을 찾은 왕가리 일행은 숲에 울타리가 쳐져 있고

'사유지'라는 푯말이 세워진 것을 보았다.

왕가리 일행은 상징적으로

점령지 밖에 나무 두 그루를 심었다.

물론 다음날 뿌리째 뽑혔지만 말이다.

카루라 숲의 투쟁은 케냐뿐만 아니라

국외에서도 관심이 뜨거웠다.

나이로비에 본부를 둔 국제환경기구 유넵도

성명을 발표해 카루라 숲이

나이로비 시가 잃어버려서는 절대로 안 될 귀중한

천연자원이라며 왕가리 편에 서서 항의했다.

유넵 임원들은 어떤 방식으로든

숲이 보존되기를 바란다는 입장을 케냐 정부에 전달했다.

환경은 정치와는 다르게 그 나라만의 문제는 아니다.

지구의 숲이 사라지면

기후변화로 전 세계 사람이 함께 고통받는다.

코로나19 사태가 그것을 증명하는 것이다.

그렇기에 국제환경 단체들은 각각의 나라에서 행해지는

환경 파괴에 촉각을 곤두세우며

시시콜콜 참견할 수밖에 없다.

12월 5일, 각 나라를 대표하는 100명의 사절단이
왕가리 일행과 묘목 심기 행사에 참여하려고
기자들과 함께 카루라 숲에 도착했다.
카루라 숲에는 완전무장한 경찰이
미리 대기하고 있어 공포 분위기를 조성했으나
사절단을 건드릴 수는 없었다.
그들은 나무 심기 행사를 무사히 마쳤고,
이 행사 기사와 사진이 언론에 소개되면서
왕가리 일행에게는 큰 힘을 보탰다.

카루라 숲 파괴 문제는 점점 날을 세워갔고
모이 정부와 왕가리 측 다 한 치의 양보 없이 대립했다.
고삐를 늦출 수 없다고 생각한 왕가리는
1999년 1월 8일,
국회의원들과 기자들, 국제 감시기구 임원들,
그린벨트운동 회원들과 함께
다시 카루라 숲에 나무를 심으러 갔다.
칼과 몽둥이, 채찍, 활, 화살 등으로 무장한

200여 명의 깡패가 앞을 가로막았다.

왕가리가 나무를 심으려는 행동을 취하자,

깡패들이 몽둥이로 참가한 사람들을 구타하기 시작했다.

어느 순간, 왕가리의 머리에서 피가 흘러내렸고,

사람들은 흩어져서 도망치기 시작했다.

깡패들은 도망치는 사람들 머리에 돌을 던졌고

왕가리 일행이 타고 온 차를 부쉈다.

참여한 많은 사람이 심하게 다쳤고,

다리나 팔이 부러진 사람들도 있었다.

왕가리는 경찰에 신고했지만

아무런 조치도 없었다.

이날의 폭력은 판세를 뒤집었다.

폭력이 있기 전,

방송국 사진 기자가 카루라 숲 담당 경찰서 앞에서

경찰과 깡패들이 대화하는 장면을 찍어 보도했다.

그것은 폭력이 미리 계획된 것이고,

경찰이 동조한 것임을 만천하에 알리는 것이었다.

기사가 나가자

전 세계인들은 이 계획된 폭력에 흥분했고
비난의 여론이 들끓었다.
그리고 머리에 붕대를 감은 채
묘목을 들고 숲을 향해 걸어가는
아프리카 여성 왕가리의 모습에
전 세계 사람들은 충격과 깊은 인상을 받았다.
왕가리는 인터뷰에서 말했다.

　"필요하다면 목숨도 내놓겠다.
　그러나 카루라 숲에 집을 짓는 일은 기필코 막을 것이다."

언론은 카루라 숲 이야기를 보도하느라 열을 올렸고,
유엔사무총장 코피아난이 모이 정부에 연락해
왕가리와 그 일행을 폭행한 사람들을
형사 입건할 것을 촉구했다.

1월 8일 폭력 사태는 일파만파 퍼져서
케냐 전 국민이 들썩였고,
대학생들은 집회를 열어 모이 정권을 규탄하며
트랙터로 카루라 숲 정문을 부수고 들어갔다.

습관적으로 경찰은 폭력으로 대응했다.

폭행을 당한 학생들은

마침 유넵 세미나가 열리는 곳으로 도망쳤고,

경찰들은 그곳까지 따라와 학생들에게 폭력을 행사해

세미나장이 아수라장이 되어 버렸다.

유넵의 클라우스 퇴퍼 사무총장은

케냐 정부에 정식 고소장을 제출했고,

다음날 나이로비에 시민 폭동이 일어났다.

대학생들은 모이 정권의 타락과 폭력을 비난했고,

나이로비 시내는 화염에 휩싸였다.

최루탄과 총성이 끊이지 않았고

대학엔 휴교령이 내려졌다.

폭동이 전국으로 번질 것이 두려운 모이 대통령은

카루라 숲의 개발을 중단하도록 명했고,

깡패들은 숲을 떠났다.

1999년 8월 16일, 모이 대통령은

공공부지에 대한 모든 매각을 금지한다는

성명을 발표하기에 이르렀다.

카루라 숲 개발 중단은 처음부터 끝까지
왕가리가 펼친 녹색 운동의 승리였다.

2002년 모이 대통령의 세 번째 임기가

막바지에 이르렀고,

케냐는 정권을 바꿀 기회를 다시 맞았다.

그린벨트운동 본부를 비롯한 시민 단체들이

야당의 단일 후보를 추진했다.

이번엔 야당이 정신을 차린 듯했다.

다행히 열다섯 개의 당이 협업하여

음와이 키바키가 대통령 단일 후보로 선출되었다.

드디어 케냐에 민주주의를 실현할 기회가 찾아온 것이다.

그리고 왕가리 무타 마아타이는

고향인 니에리의 테투에서 국회의원 선거에
출마하기로 했다.
2002년 11월, 테투 후보 경선에서
왕가리는 민주당 후보로 선출되었다.

경선에서 승리한 왕가리는 본격적인 선거 운동에 돌입했다.
슬로건은 '일어나 걸으라'였다.
이것은 성경 베드로 말씀으로,
왕가리가 말하고 싶은 것은
국민들이 일어나서 가난과 억압을 극복하고
자존감을 되찾자는 것이다.

드디어 2002년 12월 27일 선거 날,
왕가리 무타 마아타이는
98퍼센트라는 압도적인 득표율로 국회의원이 되었다.
그녀의 나이 62세였다.

야당 대통령 후보인 음와이 키바키는
70퍼센트의 지지를 얻어 대통령으로 당선했다.
드디어 2002년 12월 30일,

케냐에 그토록 기다리던 새로운 정부가 탄생했다.

이 순간을 위해 20년 넘게 투쟁한

왕가리 무타 마아타이는 뭉클하고 감격스러웠다.

수많은 시민이 우후루 공원에 몰려나와

환호하고 노래하며 춤을 추었고

앞으로 펼쳐질 새로운 세상을 기다렸다.

누군가는 하겠지, ——————— 14
아무도 하지 않는다

새 정부에서 왕가리 무타 마아타이는

환경부 차관에 임명되었다.

처음부터 그녀가 원한 것은 환경부 장관이다.

그래야 환경 운동가로서 품은 정책을

제대로 실행할 수 있기 때문이다.

하지만 현실은 냉혹했다.

환경부 장관이 된 뉴턴 쿨룬두는

원래 보건부 장관을 맡기로 되어 있었다.

하지만 채러티 응길루가 보건부 장관이 되었고,

쿨룬두는 하는 수 없이 환경부 장관을 맡아야 했다.

원래 환경부 장관은 왕가리의 자리였는데도

이런 어처구니 없는 일이 벌어진 것이다.

의학이 전공인 쿨룬드는

환경에 관해서는 문외한이었기에

왕가리로서는 여간 실망스러운 일이 아닐 수 없었다.

새 정부의 수장인 키바키 대통령은 내각을 구성할 때

무엇보다도 부족 간의 균형을 맞춰

권력을 골고루 배분하는 데 주력했다.

왕가리가 차관이 된 것도 여기에 있었다.

이미 그녀의 부족인 키쿠유족 출신의 남성이

상당수 요직에 등용되었기 때문이다.

새 내각의 인사만 봐도

케냐의 민주주의로 나아가는 길은 험난해 보였다.

왕가리는 키바키 정부가 내세운 대외 홍보용일 뿐이었다.

국제적으로 인정받은 왕가리의 역할은

이번 정부가 환경 보호를 지지한다는

메시지를 전하는 얼굴마담이었다.

왕가리 역시 아쉬움이 많이 남는 부분이었다.

왕가리는 환경부 차관으로서 우선

부정한 산림청 관리의 축출을 단행했다.

부패한 산림청 관리들은 숲 관리는커녕

자신의 배를 채우기 바빴다.

과감하게 그들의 지위를 박탈하고

깨끗하고 의식 있는 관리를 뽑는 데 주력했다.

청렴한 관리를 뽑는 것은 나무를 심는 일보다

훨씬 더 중요했다.

아무리 많이 나무를 심어도

베는 사람을 어찌 당하겠는가.

사람들은 숲 관리는 정부의 일이라고만 여겼지만,

부패한 관리들은 숲에 들어가서

버젓이 나무를 베어다 팔았다.

사람들은 이런 사실을 알면서도

그들에게 전혀 경각심을 일깨우지 않을뿐 더러,

오히려 그들의 행동을 부추겼다.

왕가리 무타 마아타이는 이런 숲과 관련한

부패와 벌이는 싸움이 몹시 힘겹고 고통스러웠다.

숲이 얼마나 나라의 중요 자산인지를 의식하지 못하는

관리들은 그저 나무 몇 그루 베어다 파는 행위를
대수롭지 않게 생각했다.
게다가 동정의 여론도 있었다.
그들도 그렇게 해서 먹고살아야 한다는.
아무도 문제 삼지 않는 것을
새로 부임한 차관이 문제 삼고 나서자,
여기저기서 불만의 목소리가 터져 나왔다.
하지만 왕가리는 전혀 흔들림이 없었다.

왕가리는 이런 의식을 바꾸는 일에 집중하며
부패와 싸우겠다는 강한 의지를 보였다.
만연한 부패는 하루아침에 청산될 문제는 아니었지만,
이 뿌리 깊은 문제를 어떻게든 해결할 생각이었다.

무엇보다 왕가리는 그린벨트운동을 더욱 확산하기로 했다.
30여 년에 걸쳐서 진행된 그린벨트운동은
아프리카 국가에 사라진 숲을 선물했다.
느릿느릿 세월을 머금은 나무는 자라나서
조리할 땔감과 집을 지을 목재를 공급했고,
땅의 침식을 막아주어

더는 홍수에 시달리지 않아도 되었다.

마을 사람들은 공동으로 은행 계좌를 개설해서

모은 기금을 저금했다가

농사의 밑천인 소를 사기도 했다.

그린벨트운동으로 농촌 마을은 자립할 수 있었다.

그들의 도전은 성공했고,

이 성공은 다른 사업에서 또 다른 성공으로 이어졌다.

오늘 우리가 벤 나무는 오늘 심은 것이 아니다.

먼저 이 땅을 밟았던 이들이 심은 나무이다.

그러니 우리도 후손을 이롭게 할 나무를 오늘 심어야 한다.

왕가리는 틈만 나면 이 말을 하고 돌아다녔다.

나무 심기는 후손을 위한 선물이기에

아무리 강조해도 지나치지 않았다.

정치인 왕가리 무타 마아타이는 또 국민의 의식을

바꾸는 데 큰 노력을 기울였다.

그들의 의식과 태도를 바꾸는 것 또한

민주화 운동의 기본이기 때문이다.

국회의원이자 환경부 차관인 왕가리는
시민들과 만나면 이런 대화를 자주 하곤 한다.

"여러분은 무엇이 문제인가요?"
"문제는 많죠, 우리는 가난해서 영양실조에 걸렸어요.
열심히 일해도 돈을 못 버니
자식들 교육은 엄두도 못 내죠."
"왜 이런 문제가 생긴다고 생각하나요?"
"그건 모두 정부 탓이죠.
그들이 정치를 잘못해서 우리가 이렇게 어려운 거예요."

시민들은 모든 것을 정부 탓으로 돌렸다.
왕가리 무타 마아타이는 모든 것이 정부의 탓만은
아니라는 사실을 대중에게 알리고 싶었다.
그들도 국민의 권리를 행사하지 않았으니
함께 책임져야 한다는 것을 말이다.

"여러분은 더 나은 정부를 요구하지 않았고,
원하는 것을 당당하게 주장하지도 않았고,
정권이 부정부패로 얼룩져도 그들을 묵인했습니다.

가만히 앉아서 세상이 바뀌기만을 기다린다고

세상이 바뀌지는 않습니다.

'나 대신 누군가 하겠지' 하면서 회피한다면

이것은 비겁한 행위이고,

결국엔 아무도 하지 않게 됩니다."

정치인도 변해야 했지만,

국민 의식도 바뀌어야만 했다.

무엇이 옳은지 그른지를 판단할 줄 알아야 하고,

잘못된 것은 바로잡으라고

정치인에게 요구할 줄 알아야 한다.

이렇게 왕가리는 꾸준히 국민의 정치의식을 높이는

캠페인을 하고 다녔다.

그러나 정치의식은 금방 높아지지 않았다.

끊임없이 생각하고

판단하고 비판해야 하는 것은 물론이고

나라에서 행하는 수많은 정책을 이해할 수 있어야 하며,

정치인을 계속 주시하며 정부를 감시해야 한다.

그런데 배우지 못하고 가난한 사람들에게

이것은 무리였고,

국민 의식이 변하지 않으니

정치인은 언제나 자신의 배를 채우기에 급급했다.

몇몇 의식 있는 정치인이 있다고 해도

그들은 너무 소수였기에 힘을 가질 수 없었다.

2002년 12월 선거 이후 케냐 사람들은

느릿느릿한 변화에 실망을 감추지 못했다.

어설픈 민주주의는 모든 것을 해결해 주지 않았다.

나무를 베고 다시 나무를 심으면

그 나무는 아주 오랜 세월이 지나야

사람들에게 그늘을 제공하는 나무로 자라난다.

어쩌면 자라다가 바람이나 태풍에 못 이겨,

혹은 화재로 생을 마감할 수도 있다.

그러면 그 자리에 다시 다른 나무를 심어야 한다.

그 나무 역시 굳건히 자란다는 보장은 없다.

그래도 희망을 품고 굳건히 나무가 자랄 때까지

나무를 심고 또 심어야만 한다.

무엇이든 시간이 필요한 법이다.

정부 시스템이나 울창한 숲은 파괴하기는 쉬워도

그것을 복구하는 데는 참으로 오랜 시간이 걸린다는 것을

케냐 국민은 이해하지 못했다.

그들은 새 정부가 들어섰으니 당장 가난에서 벗어나

풍요로운 삶을 살리라 기대했다.

하지만 오늘은 어제보다 별로 나아지지 않았다.

나무를 심어 —————————— 15
노벨평화상을 타다

2004년 10월의 어느 날 아침,

왕가리 무타 마아타이는 지역구인 테투에서 열리는

회의에 참석하러 가던 도중에 전화 한 통을 받았다.

노르웨이 대사관에서 온 것이었고,

차를 세우고 전화기를 귀에 바싹 갖다 댔다.

  "축하합니다. 올해 노벨평화상의 주인공이 되었습니다."

노르웨이 노벨위원회 의장

올레 단볼트 모에스의 목소리가 들려왔다.

그 소식은 마른하늘에 날벼락처럼 다가왔다.

현실감을 인지하지 못하고 어눌하게 전화를 끊고는

어리둥절한 상태로 호텔에 도착하니

벌써 소식을 듣고 찾아온 기자들로 북새통을 이루었다.

대충 얼떨떨한 인터뷰를 마친 왕가리 무타 마아타이는

이날을 기념하고 싶었다.

바로 나무를 심는 것으로.

왕가리는 호텔 밖으로 나가서 마리화나 재배로 황폐한

케냐산을 올려다보면서 무릎을 꿇고

난디 불꽃나무 한 그루를 심었다.

일행 중 한 사람이 깨끗한 물이 담긴 양동이를 건넸고

왕가리는 그것을 받아 나무에 물을 주었다.

이 장면은 세간의 관심을 모았다.

　"이 영광스러운 수상 소식을 케냐 산 발치에서 듣다니요.

　이 산은 언제나 제게 가장 큰 영감을 주었어요.

　숲을 지키는 건 우리의 생사와 같은 문제입니다.

　노벨평화상은 이것에 대한 지지라고 할 수 있습니다.

　풀뿌리운동 차원에서 우리가 한 일을 세계가 인정한 겁니다."

왕가리는 이번 노벨평화상은 숲 살리기 운동을
계속하라는 의미로 해석했고,
환경 보호와 여권 운동에 대한 격려라고 받아들였다.

키바키 대통령은 이 기쁜 소식을 함께 나누고자
헬리콥터를 보내 왕가리를 나이로비로 불러들였다.
환경부 장관 무스요카는 노벨상을 탄 차관에게
새 차를 선물로 보내
차가 다니기 어려운 지역도 거뜬히 다닐 수 있게 해 주었다.
이전의 환경부 장관인 쿨룬드는
이제 와서 '왕가리 무타 마아타이는
이 상을 받아 마땅한 헌신적인 환경 보호자'라며
그녀를 추어올렸다.
원래는 왕가리의 말을 사사건건 트집 잡으며
그녀의 정책을 문제 삼았으면서도 말이다.

케냐에서 가장 부패한 정치인 중 한 명이자
모든 환경 운동가의 적수인 윌리엄 오레 은티마조차도
갑자기 돌변해 '왕가리 차관의 노벨상 수상은
케냐의 여성뿐만 아니라

아프리카 전체에도 큰 영광'이라며 태도를 바꿨다.
예기치 않은 찬사 앞에서
왕가리는 만감이 교차했지만,
경솔한 발언을 하지는 않았다.

"나는 그들의 찬사가 위선이라고 생각지는 않습니다.
어쩌면 그들은 내가 무엇을 위해 활동하고 있었는지를
이번 수상을 통해서 깨달았는지도 모르죠."

노르웨이 노벨위원회의 올레 단볼트 모에스 위원장은
왕가리 무타 마아타이를 노벨평화상 수상자로
선정한 이유를 밝혔다.

마아타이 차관은 케냐를 비롯한 아프리카에서
생태학적으로 생존 가능한 사회와 경제,
문화 발전을 위해 매진했습니다.
마아타이 차관은 민주주의와 인권,
특히 여성의 권리가 포함된 지속 가능한 발전을
범지구적 차원에서 생각하고 지역적 차원에서 행동했습니다.
마아타이 차관은 케냐의 독재 정권과도 맞서 싸웠고,

그녀의 독특한 행동 지침은 정치적 압박을 향한

국내외적 관심을 끄는 데 이바지했고,

민주적 권리를 얻기 위해

투쟁하는 사람들에게 영감을 주었습니다.

특히 여성들이 자신이 처한 상황을

스스로 개선하도록 용기를 주었습니다.

마아타이 차관은 거의 30년간 가난한 여성들을 설득해

3천만 그루의 나무를 심는 그린벨트운동을 창시했고,

그 방식을 다른 국가에서도 채택하고 있습니다.

우리는 벌목과 산림 손실이

어떻게 아프리카에 사막화를 가져왔는지,

세계의 다른 많은 지역을 위협하는지를 똑똑히 보았습니다.

유럽도 마찬가지입니다.

사막화가 이루어지지 않도록 산림을 보호하는 건

지구의 환경을 보전하는 절대적인 노력입니다.

그린벨트운동은 나무 심기는 물론

여성의 교육과 그들이 처한 현실까지 망라했고.

부패와의 전쟁을 선포하며 풀뿌리 차원의 길을 닦았습니다.

우리는 마아타이 차관이 아프리카 대륙에

평화와 살기 좋은 삶의 조건을 증진하기 위한

가장 강력한 힘을 대변하는 목소리라고 믿습니다.

왕가리 무타 마아타이 차관은 노벨평화상을 받은

최초의 아프리카 여성이 될 것입니다.

마아타이는 아프리카에서 지속 가능한 발전과

민주주의, 평화를 위해 싸우는 모든 사람에게

용기를 주는 원천이며 본보기가 될 것입니다.

2004년 12월 10일, 왕가리는 노르웨이 오슬로에서

열리는 노벨평화상 시상식에 참석했다.

전통의상인 화려한 오렌지색 옷에

같은 색 머리 리본을 한 왕가리 무타 마아타이는

우선 이 세상을 더 나은 평화로운 장소로

가꾸기 위해 생존의 최전선에서 고군분투하는

전 세계 여성에게 이 영광을 돌렸다.

그리고 지속 가능한 발전이라는 개념을 통해

민주적인 사회로 발전하면서

동시에 환경을 보전하는 것이

중요하다는 내용의 연설을 했다.

그리고 다음과 같은 말로 마지막을 장식했다.

어릴 때 냇가에 가서 물을 떠 마셨던 기억이 납니다.

수없이 많은 개구리알을 손에 잡으려고도 했습니다.

매번 손가락 사이로 빠져나가 헛수고였지만 말입니다.

나중에 다시 그 냇가로 가 보면

그것들은 올챙이로 변해서

맑디맑은 물에서 힘차게 꿈틀대고 있었습니다.

이것이 우리가 후손에게 물려줘야 할 세상입니다.

50년이 지난 지금 그 냇가는 메말랐고,

깨끗하지도 않아 마실 수 없게 되었습니다.

이대로 간다면 아이들은

무엇을 잃어버렸는지도 모르고 자라날 겁니다.

올챙이가 살 곳을 회복하고

아이들에게 아름답고 경이로운 세상을 남겨야 하는 것이

바로 우리의 도전입니다.

감사합니다.

지금까지 노벨평화상은 인권이나 민주주의의 억압에

항거한 인물에 수여했다.

왕가리 무타 마아타이처럼 환경 운동가가

노벨평화상을 탄 것은 역사상 처음 있는 일이다.

최초는 언제나 잡음이 있는 법.

그녀가 노벨평화상을 받은 것과 관련해 논란이 일었다.

왕가리 무타 마아타이는

일생을 논란의 중심에 있었다.

여자로 배움의 길로 들어설 때도,

대학교수가 될 때도,

동아프리카의 첫 여성 박사가 되었을 때도,

그린벨트운동을 전개할 때도,

국회의원 선거에 나갈 때도,

차관이 될 때도,

그리고 노벨상을 받을 때도,

언제나 논란이 일었다.

그것은 왕가리가 남이 가지 않은 길을

처음 디뎠기 때문이다.

그렇기에 그녀의 삶은 고단했고

언제나 '최초'라는 말이 따라다녔다.

왕가리가 환경 운동가로 최초 노벨평화상을 탄 것은

이미 환경은 세계 평화와 인권, 생존의 문제와

맞닿아 있다는 증거였다.

그만큼 환경이 절박해졌다는 의미이기도 하다.

아마존 강 유역을 중심으로 한

숲 지키기를 비롯한 에너지 문제 등

크고 작은 환경 문제는

생존과 평화, 인권, 경제 문제와 직결되어 있다.

그러니 숲 살리기와 민주화 운동에 앞장선

이 아프리카 여성이 2004년 노벨평화상을 받은 것은
시사하는 바가 컸다.

노벨평화상은 왕가리 무타 마아타이에게는
특별한 힘을 실어 주었다.
국내는 물론 외국에서도 환경 보호 프로젝트에
거대한 후원을 받을 수 있는 큰 발판이 되었다.
환경 운동과 여권 운동, 인권 문제와 같은 분야에서
그녀가 활동할 수 있는 영역이 넓어졌고,
크나큰 반대에 부딪히지 않고도 일을 추진할 수 있었다.

선구자적 역할을 해 온 왕가리 무타 마아타이에게
노벨상은 추진력을 선사했고
예상치 못했던 정치적 무게감까지 실어 주었다.
케냐의 많은 사람을 비롯해 국외 사람들까지도
노벨평화상을 수상한 왕가리 무타 마아타이가 이후에
대통령 선거에 출마할 것으로 추측했다.
하지만 케냐 국민은 국가의 수장이자 군사 지휘자로서의
여성 대통령을 받아들일 준비가 아직 되지 않다는 것을
왕가리는 누구보다도 잘 알고 있었다.

왕가리는 이렇게 환경 운동과 인권 운동을 할 수 있는
좋은 터전을 마련한 것만으로도 만족했다.
왕가리 무타 마아타이가 환경 정책과 관련한
강력한 태도를 보이는 데 아무 장애가 없었다.
그렇기에 언제나 왕가리는
환경 보호 안건을 들고 나타났다.
한 예로, 비닐봉지 대량 생산을 문제 삼았다.
아프리카에 일회용품 사용이 급격히 늘고 있었고,
이것은 좋지 않은 증후였다.
널리 쓰이는 비닐봉지는 환경에 심각한 영향을 주었고,
이것을 가축들이 먹고 죽는 사태까지 벌어졌다.
또 비닐봉지를 태울 때도 심각한 오염 물질이 나왔다.
그렇기에 왕가리는 비닐봉지 생산을 줄일 것을
적극적으로 홍보하고 다녔다.

2006년 6월 17일, 왕가리는
'2006 노벨평화상 수상자 정상회의'에 참석하고자
한국을 방문했다.
이 회의가 열리는 김대중컨벤션센터에
평소 즐겨 입는 화려한 케냐 전통 의상 캉가를 입고

머리에 리본을 맨 그녀가 나타났다.

회의의 안건은 동아시아의 민주주의와 평화,

한반도 비핵화 등에 대한 논의였다.

예정된 인터뷰를 마치고 한국의 여러 환경 시민단체와

한 시간 남짓하게 짧은 간담회를 열었다.

이 간담회에서 그녀는 환경 보전과 빈곤 퇴치가 함께

맞닿아 있다며

'환경이 좋아지면 국민의 삶도 나아진다'라고 피력했다.

그러면서 한국의 아나바다운동(아껴 쓰고, 나누어 쓰고, 바꾸어 쓰고,

다시 쓰고)을 언급하면서

그린벨트운동처럼 시민의 자발적 참여가

중요하다고 강조했다.

2006년 왕가리 무타 마아타이는 유넵과 전 세계에

10억 그루의 나무 심기 프로젝트를 진행했다.

그러자 전 세계 수만 명이 나무 심기 운동에 참여했고,

이러한 노력으로 110억 그루 이상의 나무를 심었다.

실로 놀라운 결과였다.

남편의 국회의원 공약을 지키려고
나무 심는 회사를 차렸을 때만도
왕가리 무타 마아타이는 이런 결과를 예상하지는 못했다.

하지만 그린벨트운동을 추진하면서
왕가리는 자신도 심은 묘목과 함께
성장했음을 알 수 있었다.
처음엔 묘목이었으나
세찬 비와 강한 바람을 견디고 견뎌서
이제는 시원한 그늘을 마련해 주는
커다란 나무로 성장한 것이다.

조국인 케냐도 그럴 것이라고 믿는다.
아직은 어린 민주화 묘목에 불과하지만,
이 묘목은 수십 년 간 거센 돌풍을 견디며
굵고 튼튼한 민주화 나무로 자라리라고 믿는다.
그 과정에서 케냐의 억압받는 여성들도
해방되기를 고대한다.
여성들의 사회·정치 참여가 늘어나고
언젠가는 여성 대통령이 나오기를 희망한다.

그린벨트운동을 해낸 저력으로
케냐의 여성들은 무엇이든 할 수 있을 것이다.
물론 많은 시간과 많은 희생이 따르겠지만.
그런 세상을 함께하지 못하는 것이
왕가리는 못내 아쉬웠다.

하루가 48시간이라도 모자란 삶을 산
왕가리 무타 마아타이도 세월을 비껴갈 수는 없었기에,
죽음을 준비해야 할 시기가 되었다.

노년의 왕가리 무타 마아타이는
안타깝게도 난소암에 걸렸고,
오랜 기간 병원 치료를 받았으나
결국 병을 이기지는 못했다.

2011년 9월 25일, 왕가리 무타 마아타이는
나이로비 국립병원에서
가족의 배웅을 받으며 세상을 떠났다.
71세였다.
화장하라는 유언을 남겼는데,

그것은 자신의 시신이 담길 관을 짜려고
나무를 베어서는 안 된다는 뜻이었다.

왕가리 무타 마아타이의 죽음이 세상에 전해지자
전 세계 사람들이 그 죽음을 애도했다.
오바마 대통령과 달라이 라마,
힐러리 클린턴, 넬슨 만델라, 고든 브라운을 비롯한
전 세계 지도자들이
왕가리 무타 마아타이의 사망 소식을 듣고 슬픔을 전했다.

당시 미국 대통령인 버락 오바마는
왕가리 무타 마아타이의 죽음을 애도했다.

우리는 '우리의 평범한 집과 미래'라고
칭한 것을 평화적으로 보호하기 위해
자신을 희생한 한 여성의 비범한 삶을 기리며 애도합니다.
그분이 주도한그린벨트운동은
풀뿌리의 힘을 보여 주었고
한 개인의 생각이 큰 차이를 만든다는 것을 보여줬습니다.
그 생각은 처음에는 마을로,

그다음에는 케냐로,

그리고 아프리카로,

결국에는 전 세계로 퍼져 나갔습니다.

"우리는 지쳐서는 안 됩니다.

우리는 포기해서도 안 됩니다.

우리는 계속해서 나아가야만 합니다."라는 그분의 말처럼,

우리는 그분이 남긴 유산을 계속해서 이어가야 할 것입니다.

티베트의 정신적인 지도자 달라이 라마도
왕가리 무타 마아타이의 죽음을 애도했다.

그분은 가득하고 의미 있는 삶을 살았습니다.

환경 보전과 여성의 권리, 민주주의를 위한

그분의 노력에 존경을 표합니다.

그분은 세상을 좀 더 살기 좋은

평화로운 곳으로 만들려고 했습니다.

이런 그분의 귀중한 성취물이

다른 사람의 본보기가 되어

사회에 나가 더욱 큰 역할을 하기 바랍니다.

왕가리 무타 마아타이의 장례식은
2011년 10월 8일,
우후루 공원에서 국장으로 진행되었다.
키바키 대통령을 비롯한 국외 유명 인사들이 참석해
그녀의 마지막을 배웅했다.

일생을 나무와 함께한 '마마 미티(나무들의 어머니)'
왕가리 무타 마아타이는
우리에게 푸른 숲을 남겨주고 나무로 돌아갔다.

이날 왕가리 무타 마아타이의 마지막을 기리기 위해서
케냐 전국에서는 5천 그루의 묘목을 심는 의식을 치렀다.
아마도 고인은 흐뭇해하며
마지막 길을 떠났을 것이다.

'마마 미티' 왕가리 무타 마아타이는
분명히 나무로 다시 태어났을 거라고
케냐 사람들은 믿고 있다.
그렇기에 그들은 나무를 보면
미소 지으며 왕가리 무타 마아타이를 떠올린다.

그러면서 그들은 오늘도 나무를 심는다.

오늘 우리가 벤 나무는

오늘 심은 것이 아니다.

먼저 이 땅을 밟았던 이들이 심은 나무다.

그러니 우리도 오늘 후손을 이롭게 할 나무를 심어야 한다.

여성으로 태어나서

왕가리 무타 마아타이

첫판 1쇄 발행 2021년 02월 15일

지은이 윤해윤

디자인 (본문, 표지) 빈집 binjib.com

발행인 권혁정 | **펴낸곳** 나무처럼

주소 고양시 일산동구 강촌로26번길 49, 3층

전화 031) 903-7220 | **팩스** 031) 903-7230

E-mail nspub@naver.com

ISBN 978-89-92877-50-3 (44330) (세트)

   978-89-92877-52-7 (44330)

제조국 대한민국 사용연령 10세 이상

제조년월 2021년 2월